Bubi Jugend Uropa

Lebenserinnerungen

Rudi Waizenegger

Kurzer Lebenslauf.

Rudolf Waizenegger, am 22. August 1926 geboren, aufgewachsen im Stuttgarter Osten. Wurde getauft und evangelisch konfirmiert.
Eltern: Rudolf, Schreinermeister und Emilie, Friseuse.
Beide Jahrgang 1901. Verstorben 1972 bzw. 1979.
Geschwister: Lieselotte * 28.08.1927. Heinz* 6.12.1928, gestorben 23.02.1991 und Bernhard* 18.06.1930, gestorben 20.04.2002.
1933 bis 1941: Raitelsberg- und Ostheimerschule.
Lehren: 1941 bis 1943: Erst 4 Monate Mechaniker, dann verkürzt abgeschlossen: Textil-Großhandelskaufmann.
Zusätzlich absolviert: Kurse für Großhandelskaufleute (2 x 1/2 Jahr) und Besuch des Textil-Technikums in Reutlingen, 2 Jahre mit Abschluss, freiwillig über die Stuttgarter Handelsschule.
Am 11. November 1943 Einberufung zum Reichsarbeitsdienst und im März 1944 zur Kriegsmarine. Anschließend englische Kriegsgefangenschaft bis 24.12.1946.
1.April 1947 bis 30. Juni 1953 Kaufmännischer Angestellter, zu Anfang ein Jahr als Volontär, bei der Buchhaltungs-Organisation Fritz Schaber, Stuttgart-Ost und später am Bismarckturm, im Innen- und Außendienst.
1947 bis 1950 Besuch der Volkshochschule.
1. Juli 1953 bis 30. Juni 1990 Kaufmännischer Angestellter bei der Brauerei Rob. Leicht AG in Stuttgart-Vaihingen. Dazwischen 2 Jahre Studium bei der Stuttgarter Wirtschaftsakademie zur kaufmännischen Weiterbildung. Dazwischen: 1976 bis 1992 ehrenamtlicher Arbeitsrichter in Stuttgart. Danach Rentner mit ehrenamtlichen Aufgaben.
Verheiratet mit Marianne, geborene Stollsteimer, * 12. Januar 1928, vom 14. April 1949 bis zu ihrem Tod am 26.12.2007.
Kinder: Gisela * 9.01.1950, Birgit* 19.02.1957 und Jürgen * 2.08.1960.

Enkel: Andreas, Tanja, Kim, Oliver, Alexander. Urenkel: Justin, Marie, Shay und Luca.
Lediger Sohn: Heinz-Dieter Preitauer, Witten *3.10.1946.

Am Rande: 1986 Verleihung des Bundesverdienstkreuzes und 1999 Ernennung zum Stuttgarter Sportpionier.

Rudi Waizenegger

Herstellung und Verlag:
BoD - Books on Demand, Norderstedt
ISBN 978-3-7448-3344-8

Lebenserinnerungen

Meine Kindheit und Jugenderinnerungen. bis ins hohe Alter!

Aller Anfang ist schwer, denn meine ersten Tage, Wochen und Jahre wurden bei mir - wie so üblich - nicht 100% gespeichert, doch vom Erzählen weiß ich doch einiges mehr.

So wurde ich an einem wunderschönen Sommertag, am Sonntag, dem 22. August 1926, morgens um 6.00 Uhr im Stuttgarter Charlottenhaus geboren.

Gewohnt haben meine Eltern, Emilie geb. Spahr und Rudolf, in der Hackstraße 110 A, Nähe Gaskessel, im Untergeschoss eines kleinen Eckhauses. Über uns wohnten bereits Onkel Willi mit Tante Else, der herrschsüchtigen, jüngeren Schwester von Papa, man sagte halt kurz „die Karrers".
Dieses Häusle war ein Geschenk der Stuttgarter Straßenbahnen (SSB), denn das Geld war damals in der Weimarer Republik sehr knapp. Opa Johannes, Papa Rudolf mit Onkel Wilhelm von der „Karst-Linie" und Gesellen machten die Schreinerarbeiten für alle SSB-Reihenhäuser. Der materielle Lohn war dafür eben, unter anderem, dieser Neubau.

Die Werkstätten, Möbel- und Bauschreinerei, Glaserei und Maschinensaal mit großem Holzlagerhof, befanden sich in Ostheim, in der Landhausstraße 191 EG. Darüber regierte in der 4-Zimmer-Wohnung die Oma Luise, geborene Karst, für mich und die ganze Familie einfach „große Oma" genannt. Sie schwang dort mit Macht das Zepter. So auch über meinen Ur-Opa Christian Karst, vor dem ich mächtig Angst, aber auch Respekt hatte. Er konnte einfach keine Kinder leiden und so schlichen wir, meine Kumpel und ich, immer sehr leise an seinem kleinen Zimmer vorbei, Richtung Küche. Dort gab es zum Lohn immer etwas zum „spachteln" und zum Trinken.

In der Hackstraße hatte unsere kleine Wohnung, 2 Zimmer und Küche, einen besonderen Vorteil: Die Küchentüre zum kleinen Garten mit Terrasse. Mama Emmi nützte diese Gelegenheit sehr oft und stellte bei halbwegs schönem Wetter den oder die Kinderwagen draußen ab, um sich ihrer Lieblingsbeschäftigung, dem Bücherlesen, hinzugeben.

So wurde ich größer, lernte sehr bald das Laufen und Sprechen und wurde ein strammer Junge mit hellblonden Haaren und blauen Augen, so die „große Oma". Bald folgten ja die Geschwister Lieselotte und Heinz, sodass wir 1929 in die Raitelsberger Arbeitersiedlung in eine etwas größere 3-Zimmer-Wohnung, in den Griesingerweg 18, 2. Stock links, umziehen mussten. Dort gesellte sich dann unser Nesthäkchen Bernhard dazu.

Wir wurden größer. D' Heinerle, D' Bernhardle und ich d' Bubi, damit keine Verwechslung zu Papa Rudi entstand. Wir hielten wie Pech und Schwefel zusammen. Schwesterle Liese wurde meist zur „kleinen Oma" und zu den Tanten Frieda und Lydia in die Altstadt- wenn man es so sagen kann, wegen Bettmangel, abgeschoben.

Zur Orientierung: Die kleine Oma, genannt „Kügele", war in erster Ehe mit unserem Großvater in spe Kugler verheiratet. Sie heiratete nach dessen Tod unseren zweiten Opa, den Johann Friedrich Spahr.

Wir Drei stellten so manche Streiche an, die unsere liebe Mama sehr oft zur Weißglut brachten. Nur eines, bezeichnend, bei dieser

Gelegenheit.

Bei schlechtem Wetter spielten wir in der Küche und wollten, unter anderem, den Boden reinigen. Im Eifer des Gefechtes vergaßen wir den laufenden Wasserhahn zuzudrehen.

Wir verschwanden für kurze Zeit im Wohnzimmer, um die Schularbeiten zu erledigen. Als wir zurück kamen, war die Küche total überschwemmt. Mama war ja bei einer Freundin zu Besuch.

Was tun? Kurzerhand leerten wir die vollen Asche-Schubladen des Küchenherdes und die des Kohleofens im Wohnzimmer im ganzen Küchenraum umher, doch trocknen konnten wir dadurch das Übel leider nicht.

Mama musste helfen. Ich holte sie zum sogenannten Wetterleuchten ab.

Jeder erhielt einige Ohrfeigen und dann ging's unter ihrer Leitung an die Arbeit und die Küche wurde nach Stunden wieder stubenrein gemacht, das heißt kein Wasser floss in die unteren Stockwerke.

Übrigens: Wir hatten kein Bad und keine Dusche. Die ganze Familie musste sich jeden Tag in der Küche mit kaltem Wasser am Hahn waschen. Erst um 5.30 Uhr der Papa (mit Haarnetz), dann wir Kinder. Oft war Streit wer zuerst dran darf, und zuletzt die liebe Mama. Am Wochenende wurde meist im „Zuber" gebadet.

Vieles wurde erzählt. So zum Beispiel, dass ich bereits mit 5 Jahren, ich kann mich noch schwach daran erinnern, ab dem Untertürkheimer Inselbad, kurz vor dem Wehr, über den Neckar geschwommen bin und mich auf der anderen Seite gemütlich in die Sonne gelegt habe. Meine Mutter hat sich ja einer gewissen Aufsichtspflicht entzogen und traf sich mit Kolleginnen des Schwimmvereins. Sie war wohl Vereinsmitglied, doch schwimmen konnte sie absolut nicht. Nachdem sie mich nach langer Zeit vermisst hatte, löste sie Alarm aus.

Der Bademeister wurde informiert und ein Suchtrupp eingesetzt. Vergeblich, bis ich mich, gesund und munter, selbst gemeldet habe.

Nicht ganz ungefährlich war es auch, wenn ich den „alten Neckar" bei sehr starker Strömung überquert habe, das Gott sei Dank immer geklappt hat. Halt ohne Aufsicht. Heute würde man sagen:

Unverantwortlich!

Schwimmen war für mich sowieso das gewisse Element. Ich durfte immer jeden Sonntag in der Früh' mit meinem Vater ins Ostheimer Hallenbad (heute Leo-Vetter-Bad) gehen. So lernte ich sehr bald das Schwimmen und besonders das Tauchen.

Eines hat mich immer gestört, daran kann ich mich noch sehr gut erinnern, und zwar, dass mein Herr Papa sich oft mit Sprüngen vom 1-Meter-Sprungbrett profiliert hatte. Das war ja nicht weiter schlimm, doch tragisch war, dass er bei jedem Kopfsprung seine schlappige, lange Badehose verlor, das ihn aber leider überhaupt nicht störte. Ich aber schämte mich dafür.

Als (Laus)Bub wurde es mir eigentlich nie langweilig. Vorrangig war natürlich zu Anfang der Kindergarten in der evangelischen Lutherkirche und nachfolgend die Schule. Wir „Viere" waren fleißig und die Hausaufgaben wurden von uns prima gemeistert. So waren für die Freizeit genügend Möglichkeiten vorhanden.

Vorher. Im Alter von 6 Jahren durfte ich mit Mama nach Ansbach zu der dicken Tante Berta, zum lustigen Onkel Max, zur Base Gusti mit ihrem Freund und späterem Ehemann Pep Vilsmeier.

Einige Male besuchte ich eines ihrer 3 Kinos, die hauptsächlich von Onkel Max, aber auch mit Hilfe der Familie, betrieben wurden.

Ich kann mich erinnern:
Stummfilme, mit einem Klavierspieler hinterm Vorhang!
Verstanden habe ich nicht viel, doch es war trotzdem spannend. Mit Pep durfte ich einige Male mit nach Nürnberg fahren. Schon wegen dem jeweiligen Mittagessen in einem dortigen Lokal. Dies war wohl für mich das Wichtigste.

Nun, auch den kleinen Kühlschrank an der Küchenwand bewunderte ich. Zum Klo musste man allerdings über den Hof, vom 1. Stock aus, gehen. Dies war für mich, bereits morgens um 6 Uhr zu viel, so dass ich einfach ins Bett pinkelte und das Leinentuch, darunter lag ja eine Gummimatte, zum Trocknen aus dem Fenster hing.

Umsonst ... man kam drauf und mir wurde von Tante Berta und meiner Mama anständig der Marsch geblasen. Aus war der Traum, nochmals nach Ansbach zu kommen (erst wieder, nachdem ich schon verheiratet war).

Zu Hause. Schön waren immer wieder die Abstecher nach Berg. Dort absolvierten wir spannende Rennen mit unseren selbstgebauten, kleinen Rennwägelchen in den Wasserrinnen neben den Treppen bei der Berger Kirche. Die Rennstrecke führte bis zu den Mineralwasserbrunnen. Da war es wohl sehr selbstverständlich, so meinte die liebe Mama, dass ich für zu Hause oft mehrere Flaschen abfüllen durfte.

Etwas Besonderes waren für mich immer, in den dreißiger Jahren, die Fahrten mit dem Pkw. Modell ADLER nach Nendingen bei Tuttlingen, dem Geburtsort von Opa Johannes.

Im Schreinerei-Hof, meist samstags,stand der ADLER stets zur Abfahrt bereit. Oma, Opa und ic h (auch mal Schwesterle Liese) saßen meist schon drin und warteten auf meinen Herrn Vater, der fast jedes Mal noch in der Werkstatt etwas zu tun hatte. Wenn er dann endlich kam, begann die Zeremonie mit dem Anlasser.

Vorne wurde mit einer Kurbel gedreht, dann schneller Lauf zum Steuerrad und Gas geben. Das wiederholte sich immer wieder, bis eben der Motor warmgelaufen war. Bei der Fahrt hatte der Motor manchmal gestottert, doch wir kamen immer wohlbehalten an.

Es verstand sich wohl, dass während der Fahrt mindestens zwei Vesperpausen eingelegt wurden.

Noch eine besondere Begebenheit. Ab und zu war ich bei der großen Oma ein gewisses Aushängeschild der Familie bei ihrem Frauenkreis - teils im Eberhards-Bau, teils im Schlossgarten-Hotel, aber auch mal im Café ihrer Freundin Unzell in der unteren Neckarstraße - als großer, blonder Junge mit den schönen blauen Augen. Ich war ein so netter, kleiner Bub, doch für mich war nur das gute Essen mit dem Nachtisch sehr nett. Alles bezahlte übrigens immer die liebe Oma.

Ich wurde 9 Jahre alt. Die Nazis waren schon 2 Jahre an der Macht. Mir imponierte gewaltig, wenn tagsüber die Soldaten der Bergkaserne, voran der Spielmannszug, die Hackstraße runter marschierten, mit dem Ziel „Wäldle" bei den Festwiesen ... zum Manöver. So wurden auch ganz gezielt die Einmärsche, mit lautem Gesang der Nazis-, Hitlers- und Kriegsliedern, des Jungvolks in die Raitelsberg-Siedlung inszeniert. Wir Buben wollten da halt auch gerne dabei sein.

Dieses Ziel wurde schon zu dieser Zeit in unseren Köpfen fest verankert.

Doch vorher wurde das Kicken groß geschrieben. Auf den Kinderspielplätzen im Griesinger- und Roserweg wurde fleißig gewetzt und harte Gefechte gegen die Abelsberg -, Röntgen, Park - oder Wunderlichstraße ausgetragen. Das waren unsere kindlichen Erfolgserlebnisse

Ich wurde 10 Jahre alt. Unterm Weihnachtsbaum lagen ein Paar Fußballstiefel und ein Kunstlederball. Oft ging es dann zu Fuß, mit Freunden, zur Festwiese um zu trainieren. Dort befanden sich ja 8 Spielfelder mit einfachen Toren ohne Netze.

Nach diesen, meist langen Trainings, suchten wir immer die nahe gelegene Bäckerei in der Talstraße auf, verlangten ein Eis zu 5 Pfennig. Die Inhaberin musste sich auf diesen Wunsch hin zum Füllen der Schalen in den hinteren Raum begeben. Diese Zeit nützten wir, um einige der ausgelegten süßen Stückle zu stibitzen.

Im Klartext: Wir stahlen diese und aßen sie später genüsslich auf. Sicher war dies Diebstahl. Wir sagten allerdings Mundraub dazu, denn wir waren sicher, dass die liebe Frau im Laden genau über unsere Machenschaften gewusst hatte und uns gewähren ließ.

In diesen Jahren kamen auch die Aufenthalte, während den Ferien, im Waldheim Frauenkopf dazu. Man muss sich vorstellen, dass der Weg dorthin jeden Tag zu Fuß bewältigt werden musste.

Raitelsberg, Gaisburg, Gablenberg, den steilen Viehtrieb hoch zur Geroksruh und durch den Wald zum Ziel – Da hatte das Frühstück immer gemundet. Es wurde natürlich nicht nur Fußball gespielt, sondern es standen auch andere Gemeinsamkeiten, wie Geländespiele oder Schnitzeljagden auf dem Programm.

Einmal wurde für ein Theaterstück geprobt: Wilhelm Tell! Dieses Stück wurde abschließend den Eltern und Gästen vorgeführt und oft beklatscht. Auch ich war, mit toller Uniform, dabei und musste nur sagen: „Durch diese hohle Gasse muss er kommen!"

So ganz, ganz nebenher - nicht unbedingt gerade hier ... trotzdem: Zu Hause musste während dieser Zeit sehr gespart werden, deshalb gab es öfters „Handgeschabte Spätzle mit leicht gesalzener warmer Milch" ... hat gut geschmeckt.

Noch ein Ereignis während dieser Zeit. Es wurde bekannt, dass der „Führer" kommt und vom kleinen Balkon des Hotels Marquardt zum Volk auf dem Schlossplatz spricht. Ich wollte unbedingt dabei sein, aber nur in Uniform-ähnlicher Kleidung, eben als Pimpf in spe.

Meine Mama zauberte mir zum braunen Hemd einen schwarzen Schlips mit braunem Lederknoten und ein schwarzes Schiffchen auf den Kopf.

Dann ging es zu Fuß los - ich im Wintermantel mit umgeschnalltem Gürtel - Richtung Stöckach, zur Neckarstraße, zum Neckartor und durch den Schlossgarten - noch ein Bild vor einem Denkmal mit „Gruß" - dann zum Hauptbahnhof und die Königstraße rauf zum Schlossplatz, der total überfüllt und größtenteils von der SA, der HJ, dem Jungvolk, der BDM und den Jungmädels blockiert war.

Voraus im Park erzählte mir meine Mutter, wohl zum wiederholten Male, dass sie früher hier auf dem Weg zur Arbeit bei einem Friseursalon Nähe Hauptbahnhof, oft den König Wilhelm II mit seinen 2 Spitzern getroffen und dieser immer freundlich gegrüßt hat.

Zurück: Dieses Ereignis, den Führer zu sehen und zu hören, war für mich im kindlichen Alter so ergreifend, dass ich unbedingt beim Jungvolk mitmachen wollte. Gesagt, getan ... ich trat 1935, mit Genehmigung meiner Eltern, dem Deutschen Jungvolk bei.

Mit Begeisterung war ich stets dabei, ob bei den wöchentlichen Kameradschafts- oder Heimabende in Berg, gegenüber der Berger Kirche, oder bei den vielen Ausmärschen, bei den dreimaligen Zeltlagern, im Heimsheimer Schlegelturm - hier fungierte ich als UvD und wurde zum Jungenschaftsführer befördert -, bei den Übungen auf der Alb oder im nahegelegenen Schwarzwald, sowie beim Sport, zum Beispiel bei den jährlichen Wettkämpfen, bei denen ich immer gut abgeschnitten habe.

Adolf Hitler besuchte öfter die Stadt Stuttgart. Einmal zur Einweihung der Schwabenhalle, Nähe Kampfbahn und ein andermal zum Besuch eines Trabrennens auf der Festwiese mit neu erbautem Turm, von dort, aus luftiger Höhe, er seine gewaltige Ansprache hielt.

Meine Freunde und ich sahen immer schon vorher unseren Führer, jeweils hoch von den Bäumen aus in Karrers Garten, wie er die Hackstraße im offenen Wagen, es versteht sich mit erhobenem rechten Arm, herunterfuhr und die Leute ihm am Straßenrand mit dem Hitlergruß kräftig zujubelten.

Die Schwabenhalle, 100% Holz, brannte übrigens nach nicht einmal einem halben Jahr total nieder ... niemand sprach darüber und nirgends konnte man darüber etwas lesen oder hören.

Apropos Adolf-Hitler-Kampfbahn. Mit meinen Freunden war ich oft bei den Spielen der Stuttgarter Kickers, damals noch die Nummer 1, und des VfB Stuttgart. Ganz einfach: Wir fragten einen erwachsenen Besucher, ob er uns mit hinein nimmt und so kamen wir kostenlos an dessen Hand zum Genuss der Spiele.

Oft war für uns das Ziel die Stuttgarter Stadthalle, Nähe Stöckach, das heutige Gelände des Südwest-Rundfunks (SWR).

Auch dort war es für uns kein Problem umsonst zu den Veranstaltungen - 6-Tage-Rennen, Fahrradrennen, Boxen, Ringen, Freistil, Leichtathletik und Zirkus usw. rein zu kommen. Wir stiegen die jeweiligen Brüstungen zum letzten Stockwerk hoch und durch ein offenes Dachfenster ein. Natürlich wurden auch politische Veranstaltungen abgewickelt.

Einmal war ich dabei und zwar als der Stellvertreter vom Führer, Rudolf Heß, im halbdunklen Saal lautstark seine gewaltige Rede, unterstützt mit großen Gesten, von sich gab.

13

Es saßen meist nur „Braunsäcke" da. Viel verstanden habe ich ganz hinten nicht, doch die viel erwähnten Worte „unserem geliebten Führer" waren nicht zu überhören. Die Beifall-Stürme endeten stets mit überlauten „Sieg Heil" Rufen und ganz am Ende ertönte das Deutschlandlied... allerdings mit dem ersten Vers.

Die Stadthalle wurde übrigens 1943 bei einem Fliegerangriff total zerstört. Wir sahen in der fraglichen Nacht mit vielen Neugierigen zu, wie sie völlig abgebrannt ist. Sie wurde nicht mehr aufgebaut.

Kurz eingeblendet ins Jahr 1931 (3 Tage und Nächte).
Ein besonderes Ereignis war damals der Brand des Alten Schlosses. Die Leute strömten in diesen Nächten von überall her zum Brandherd. Auch meine Eltern und ich waren bei den Neugierigen dabei.

Vom Soldaten-Wäldle habe ich schon berichtet. Auch meine Freunde waren mit mir dort wie zu Hause. Wir spielten meist Räuber und Gendarm aber auch andere Geländespiele.

Besonders zu erwähnen ist, dass wir immer wieder von einem Exhibitionisten verfolgt wurden, der uns, sehr kinderlieb sich gebend, hoch warf und uns unter die Hose schaute etc. ... ohne Gefahr, denn wir wussten Bescheid und haben über unsere Eltern Anzeige bei der Polizei erstattet. Auch damals gab es dies leider schon.

Mein Papa fuhr täglich zur Arbeit in die Ostheimer Halle der Stuttgarter Straßenbahnen AG und auch abends zu seinem Hobby-Werkstättle mit dem Fahrrad.
Als er wiedermal kurz zum Mittagessen nach Hause kam, klaute ich ihm sein Heiligtum und machte, schon einiges älter, eine kleine Spritztour durch die Siedlung.

Ganz zum Schluss stürzte ich und zog mir eine sehr schwere Gesichtsverletzung zu, die sehr blutete. Trotzdem stellte ich noch das Tretfahrzeug, stark beschädigt, ordnungsgemäß vor dem Hause ab.

Mein lieber Herr Vater konnte natürlich nicht mehr fahren, schimpfte ganz Gottes fürchterlich ... und musste zu Fuß gehen.

Gott sei Dank konnte ich diese Schimpfe nicht mehr hören, denn da wurde ich bereits bei Frau Dr. Soergel behandelt. Herr Adolf Brosi, Rentner im Hause, brachte mich sofort zu unserer Ärztin.

Voll abgefahren sind meine Ostheimer Freunde mit mir auf Opas schwarzem Schäferhund, mit dem wir oft im Holzhof spielten und umher tobten. Dies gefiel naturgemäß nicht nur uns, sondern auch dem Hund. Selbstverständlich führten wir ihn mit großem Stolz des Öfteren aus. Oma sagte immer: „Gassi gehen".

Einmal war mein Vetter Hans aus Hannover in den Ferien bei uns, bzw. bei Opa und Oma zu Besuch. Ein Hochdeutscher, ein „Schnäpser", das war zu viel für uns Schwaben und so nahmen wir ihn - er war 2 Jahre älter als ich - schwer auf die Schippe. Sei es bei Spiel und Sport oder im Freibad. Einmal hetzten wir sogar den Hund auf ihn. Das war dann einfach zu viel für ihn und er reiste vorzeitig ab.

Meine ersten Filme, da war ich so um die 10 Jahre alt, im Ostheimer Kino: „Die Schlacht am blauen Berge" (Wildwest) und „Mein bester Freund" mit Harry Piel.

Im Alter von zehn Jahren spielten wir Fußball auf dem Schulsportplatz, unterhalb unserer Schule. Es war im Winter bei klirrender Kälte. Auch mein kleiner Bruder Heiner war dabei. Gerade dieser wollte zwischendurch unbedingt zum zugefrorenen Neckar gehen. Ich ließ mich weichklopfen und ging, auf seine wiederholten Bitten hin, mit ihm. Dort kletterten wir auf das eingefrorene Boot am Ufer und spielten „Kapitän und Matrose". Auf einmal kam Heinerle auf die wunderbare Idee, aus dem Boot auf die Eisfläche zu steigen.

So etwa 8 bis 10 m ging er aufrecht dahin und dann brach er plötzlich ein. Ich sah dies und rutschte schnell auf dem Bauch zur Unglücksstelle, zog ihn an die Wasseroberfläche und zurück zum Boot. Wenn man so sagen will, rettete ich ihm das Leben.

Dann aber kam die „Unverfrorenheit", wir kickten weiter, damit er getrocknet den Heimweg antreten konnte. Das klappte aber leider nicht, denn Klein-Heinerle kam als „Eiszapfen" zu Hause an. Ich wurde natürlich sehr ausgeschimpft, weil ich nicht besser aufgepasst habe.

Mein Bruderherz musste einige Tage das Bett hüten, dann hatte ihn - gesund und munter - der Alltag wieder.

Ganz klein am Rande: Wir spielten auch im Sommer Fußball auf dem Schulsportplatz. Gegenüber hatte das Luftfreibad mit FKK „Rickly" seinen Standort. Immer wieder guckten wir mal vom erhöhten Neckaruferweg dort rein und amüsierten uns köstlich über die meist nicht sehr schlanken, nackten Damen.

So wurde ich 11/12 Jahre alt. Die Straßenfreunde, verschiedenen Alters, kamen unerwartet auf die Idee zum „Boxen" zu gehen.

Ich war dabei. Wir wurden Mitglied, ohne Beitragszahlung, beim Reichsbahn- und Postsportverein in Bad Cannstatt (Nähe Stadion).

Es wurde sehr hart trainiert: Seilspringen, Boxen, am Sack und an der Birne, Schattenboxen u.v.m. Und am Ende ein zweiminütiger Trainingskampf.

Danach noch ein abschließender Lauf über 1.000 m und mehr

auf der Aschenbahn im Freien.

Bei 2 Vorkämpfen im Wulle-Saal in der Neckarstraße habe ich mit 13 Jahren im Papiergewicht II einen Sieg und ein Unentschieden errungen.

Nach rund zwei Jahren hatte ich vom Boxen die Nase voll.

So zwischendurch: Bei den jährlichen Sportwettkämpfen der Schulen (60 m-Lauf, Ballweitwurf und Weitsprung) erreichte ich im 7. Schuljahr in der Raitelsbergschule den ersten und in Stuttgart den siebten Platz. Im 8. Schuljahr ergab sich wiederum der erste Platz in der Raitelsbergschule und in Stuttgart der elfte Platz.

Nur so ganz nebenbei: Als Schüler der 6. Klasse spielte ich mit Schulkamerad/Torwart Eugen Scholl in der Fußball-Schulmannschaft.

Last not least: Bei einem Fußballspiel Jungbann Stuttgart vs. Jungbahn Reutlingen auf der Stuttgarter Festwiese, bei dem ich als jüngster Spieler mitwirken durfte, kam der Geschäftsstellenleiter und in Personalunion Jugendleiter der Stuttgarter Kickers, Eugen Ruf, auf mich als Einzigen zu und meinte: „Bub, du spielst in Zukunft bei den Kickers!"

Da war ich natürlich begeistert und stimmte sofort zu. In weiser Voraussicht, denn ich hatte ja mein SSB-Fahrscheinheftchen für die Fahrt nach Degerloch in der Tasche. Das Fahrgeld hätte ich mit Sicherheit von meinen Eltern nicht bekommen.

Ursprünglich wollte ich ja mit meinen Freunden Richard und Kurt „Kalle" Steimle beim Stuttgarter Sportclub anheuern, doch der Name Kickers zog halt mehr. Richard spielte später beim VfB Stuttgart und wurde Nationalspieler. Kalle starb in Italien den sogenannten Heldentod. Am letzten Kriegstag wurde er von den Partisanen von hinten erschossen. Er war im Fußball (und auch in der Schule) ein „Jahrhunderttalent"!

Nach dem Spiel auf der Festwiese traf sich dort am Turm die Führungselite (mit mir) des Fähnleins 50/119 des Deutschen Jungvolkes.

Ich wurde so nebenbei zu dieser Zeit zum bestätigten Oberhordenführer befördert.

Danach Abmarsch in lockerer Formation in Richtung Sankt Johann über Bad Urach auf die Schwäbische Alb.

Bei unserer Ankunft auf einem Bauernhof gab es zu später Stunde Erbsensuppe mit einer roten Wurst am Lagerfeuer. Die dortige Scheune war dann unser 3-tägiges Nachtlager auf Heu und Stroh.

Fast kriegsähnlich, mit vorschriftsmäßig gepacktem Tornister und im Feldanzug haben wir tagsüber unsere Märsche und Übungen über die Runden gebracht. Auch bei Nacht mussten wir uns im Sichtungskampf bewähren. Während der kurzen Freizeit durften wir die naheliegenden Felsen erklimmen, obwohl oben drüber die Wanderwege liefen und gekennzeichnet waren ... aber Übung macht eben den Meister, das wurde uns eingehaucht.

Der Krieg begann bereits am 1. September 1939, doch in Stuttgart merkte man noch wenig davon. Der 1. und lange der letzte Fliegerangriff erfolgte am 24. August 1940 und ein Haus in Gaisburg wurde beschädigt. Fast ganz Stuttgart fand sich am „Tatort" ein und bestaunten die Unglückstelle (Dachstuhlbrand durch Brandbomben).

Meine Lehrzeiten begannen am 1. April 1941. Zuerst bis 31. Juli bei der Firma Mahle in Bad Cannstatt als Mechaniker. Als Linkshänder machte mir diese Arbeit keinen Spaß, die zwischen meinem Vater und Onkel Willi, der bei Mahle als Block-Personalchef gearbeitet hat und unter anderem auch für den Lehrlingsbau zuständig war, beschlossen wurde. Mir gefiel nicht, dass mein Onkel sehr oft

Streit mit dem leitenden Ingenieur Elsässer der Lehrlingsabteilung hatte, das sich auch auf mich sehr negativ auswirkte.

Kurz entschlossen suchte ich mir, während des Urlaubs von Onkel Willi, eine neue, meinem Wunsch entsprechende Lehrstelle. Ich wurde fündig, kündigte per 31. Juli und fing bereits am 1. August 1941 bei der Tuchgroßhandlung Julius Mayer & Co. in der Kronenstraße 19 in Stuttgart-Mitte an. Der Ärger mit meinem Vater und Onkel Willi war vorprogrammiert. Ich überstand es.

Schön war es beim Mahle, beim Deutschen Musterbetrieb, der zweistündige, morgendliche Frühsport (eine Stunde auf eigene Rechnung) mit Lauf und Gymnastik im Rosensteinpark und anschließendem Schwimmen im „Neuner". Im Juni erreichte ich bei der Betriebsmeisterschaft im Fünfkampf; einschließlich Schwimmen, den 3. Platz der gesamten Lehrlingsabteilung. Als Preis erhielt ich einen braunen Ledergürtel.

Der neue Betrieb wurde von meinem zukünftigen Chef Julius Mayer 1938 übernommen, da der seitherige Inhaber, ein Jude, nach Amerika ausgewandert ist. Bedingung war seinerzeit, dass Herr Mayer zwei Juden, die Herren Schneider und Haspel, übernehmen musste. Beide waren sehr angenehme Kollegen von und zu mir.
Herr Schneider nahm meist an den Kundengesprächen, mit den Groß- und Einzelhändlern, sowie Schneidermeistern, teil. Obwohl es ihm verboten war, den Verkaufsraum zu betreten, schimpfte er gegen die Regierung und gegen Adolf Hitler eifrig mit. Niemand der Runden zeigte ihn an, da wäre wohl dann KZ fällig gewesen.
Herr Schneider war übrigens mit einer Deutschen verheiratet und hatte 2 Söhne. Man musste bedenken, dass Herr Schneider keine, seine Frau voll und seine Kinder nur die Hälfte der Lebensmittelmarken bekommen haben. Unser Chef hatte ein Herz für die

Familie Schneider und vertraute auf seine Beziehungen nach Haigerloch, seiner Heimat.

Der Sohn, Chefjunior und Leutnant der Etappe, fuhr des Öfteren nachts mit mir, im Mercedes mit verdunkelten Scheinwerfern, nach dort und holte die gespendeten Lebensmittel der Bauern ab.

Herr Schneider bekam davon jeweils den größten Teil ab.

Zu dem Transport zu Fuß in die Wohnung Schneiders, hinter dem Katharinenhospital, wurde ich auserkoren. Unterwegs mit Kollege Schneider, der immer mit der Hand seinen Judenstern zudeckte, wurden wir nicht selten mit Steinen beworfen, wurden angespuckt oder übel beschimpft. Immer wieder wurde Herrn Schneiders Hand auf dem Stern mit Gewalt weggezogen. Nach dem zweiten Mal berichtete ich diese Vorfälle dem Chef. Ich musste dann eben etwa 2 bis 5 Meter hinter Herrn Schneider gehen und diese Schandtaten noch intensiver erleben.

Auch einen Fliegeralarm auf die Firma Bosch, in der Nähe, musste ich zu dieser Zeit körperlich verkraften, denn der Luftdruck (ich saß auf der Eingangstreppe) trug mich etwa 6 - 7 Meter durch die Luft auf die Straßenbahnschienen in der Mitte der Straße. Dies war ein Alarmzeichen, um in Zukunft in den Luftschutzbunker zu gehen.

Mein Oberstift Zimmermann, 17 ½ Jahre alt, wurde Ende 1941 zur Wehrmacht eingezogen. Als Nachfolger wurde mir David Haspel, der Jude, als sogenannter Lehrgeselle zugeordnet. Er war streng aber sehr gerecht. Doch was wäre gewesen, wenn ich bei dem Akt „Staub ins Gesicht schmieren" dies meinem Fähnleinsführer gemeldet hätte? Natürlich auch KZ! Dies aber hätte ich nicht verantworten können.

Frühzeitig, schon im Juli 1943, machte ich in Freiburg die praktische Lehrabschlussprüfung und auch bei der Handelsschule die schriftliche Prüfung. Natürlich mit Sicht auf die bevorstehende Einberufung.

Schon zwei Jahre vorher erschien ja in der Berufsschule eine Abordnung des Wehrkreiskommandos zur „Information", wobei man uns ganz hinterlistig und harmlos fragte, zu welcher Waffengattung wir uns denn gerne melden wollten. Ich meldete mich natürlich zur Kriegsmarine und da war ich schon, durch ein weiteres Gespräch, beinahe ein Freiwilliger mit der Verpflichtung auf 12 Jahre, wie später dann bei der Kriegsmarine endgültig.

Die entsprechende Eignung habe ich, ganz klar, schon bei der Marine-HJ erworben. Wir lernten dort das Winken, Morsen und auch das Pullen auf dem Neckar.
Am Neckarufer war unser Standort, in der Nähe des unansehnlichen VfB-Sportplatzes, neben dem Neckar-Freibad und unterhalb der Gaisburger Brücke.

Die Theorie durfte natürlich nicht fehlen. Wir zeigten schon da, generell, insbesondere beim Winken und Morsen, bessere Leistungen als bei der Marine der Vorkriegszeit I

Auch am Trainingsmasten, mit den Signalflaggen, lauerten Gefahren. Mein Vorgänger, der am Masten hoch und auf den Seitenarm kletterte, um eine Flagge zu entzerren, stürzte etwa 6-7 Meter auf die Betonplatten ab, da dieser Ast brach.
Er war sofort tot. Das hätte auch mir, als Nächstem, passieren können.

Im Heim im Stuttgarter Osten, in Halbhöhenlage, musste ich mich zu Anfang melden und kam zu spät, denn die vielen Treppen aufwärts zu der Villa habe ich nicht einkalkuliert. Daraufhin bekam ich zur Strafe den Befehl vom Zugführer Schnackes, 10 x zu pumpen. Ich hatte keine Ahnung und pumpte so alle Fahrräder in der Nähe auf. Es waren natürlich „Liegestützen" gemeint. Der Hohn der schon länger dienenden Marine-HJler war mir gewiss!

Eine nette Episode: Meine erste große Liebe war für mich, mit 16 Jahren, ein hübsches, schlankes und schwarzhaariges Mädchen, die liebe Paula, Köpfle genannt, aus Ostheim. Sie lud mich eines Tages für einen Samstagabend in die Wohnung ihrer Familie ein. Sie wollte die Gelegenheit nutzen, da ihre Mutter den verwundeten Vater im Tübinger Krankenhaus besuchte. Das taten wir auch, denn nicht oft bekommt man eine solche Gelegenheit. Ich jedenfalls war sofort einverstanden. Zuerst haben wir uns an diesem Abend durch ein reichliches Vesper mit Getränk gestärkt ... und dann haben wir, man glaubt es kaum, im Wohnzimmer bis früh am Morgen Tisch- tennis gespielt.

Trotzdem haben wir es noch kurz geschafft ins Bett zum Schlafen zu gehen. Weiter geschah leider nichts, denn es hat draußen geläutet und dann wurde sofort die Glastüre aufgeschlossen. Es war die liebe Oma.

Was tun? Kurz entschlossen sprang ich, ohne zu schauen, aus dem Fenster im Parterre und einem älteren Herrn direkt ins Genick, der deshalb so erschrocken war und nicht schnell reagieren konnte. Mit schnellem Lauf verschwand ich Richtung Heimat Raitelsberg.

Zu dieser Zeit erfolgte wiederum ein Fliegerangriff. Auch bei uns im Haus schlug eine Brandbombe ein und blieb in der Kommode unseres Wohnzimmers stecken. Wir waren Gott sei Dank nicht im Luftschutzbunker und konnten so schnell helfen.

Mein Herr Papa, Bruder Heinz und ich haben uns zum Löschen sofort aufgemacht. Heiner mit mir hielt immer nur etwa 2 Minuten in dem starken Rauch aus, doch unser Vater hat es ganz wesentlich länger ausgehalten, das uns sehr gewundert hat. Ganz einfach, er hat laufend ein nasses Tuch vor den Mund gehalten. Immerhin konnten wir den Brand ohne großen Schaden löschen.

Dann erst begann, meiner Einschätzung nach, der „Ernst des Lebens": Am 11.11. 1943, das war kein Faschingsscherz, kam die Einberufung zum Reichsarbeitsdienst (RAD) nach Breslau ins Lager Vogelherd. Wie üblich absolvierte ich den Grunddienst mit Spaten und Gewehr und den üblichen Übungen und Ausmärschen.

Etwas aufgelockert wurde die Atmosphäre an Weihnachten. Beim Frühappell wurde gefragt: „Wer ist von Beruf Kellner, Koch oder Kaufmann?" Auf die Gefahr hin, dass ich zum Reinigen des Donnerbalkens abkommandiert werde, meldete ich mich und wurde auserkoren bei der Weihnachtsfeier in Breslau, Am Ring, die Damen und Herren der sogenannten besseren Gesellschaft - Offiziere vom Heer und RAD mit Gattinnen - zu bedienen. Es gab so gut wie alles! Anfangs lief es wie geschmiert, doch als die Herrschaften zur „großen Form aufliefen" und von uns genügend und ausreichend versorgt waren, wurden auch wir im Nebenraum aktiv und genossen u.v.a. das Essen und die reichlichen Getränke in vollen Zügen.

Gegen Morgen um etwa 5.30 Uhr, nach dem Aufräumen, wankten wir, lustig und fidel, durch Breslau, Richtung Lager. Wir Acht durften sogar ausschlafen.

Apropos Schlaf. Ich hatte einmal Nachtwache, lange vier Stunden. Als ich wider Erwarten doch etwas müde wurde, setzte ich mich auf den Donnerbalken, mit 10 Löchern nebeneinander und schlief selig ein. Dabei wurde ich nicht erwischt, aber ... oh Schreck, ich verlor meine Kopfbedeckung in eines der Löcher.

Beim morgendlichen Appell war - welch ein Glück - die Ausgehmütze gefragt, so dass ich ungeschoren davonkam. Dann aber halfen alle Stubenkameraden mit, das „Schiffchen" zu suchen. Mit Erfolg, nachdem wir lange mit Stöcken und Stangen in der Sch... stocherten.

Dann kam der Clou zum Ende meiner Arbeitsdienstzeit. Wir mussten einen Panzerabwehrgraben rund um den Flughafen Breslau, 3 m tief, ziehen. Ganz sicher froren wir dabei, trotz Kälte, nicht. Meine Wenigkeit hatte Glück im Unglück, denn ich bekam während dieser Zeit einen eitrigen Finger unter dem Nagel des Zeigefingers der linken Hand. Kurz und schmerzlos setzte mich im Lager der Sanitäts-Unterfeldmeister ans offene Fenster und operierte mir den Nagel ohne Betäubung ab. Dann aber durfte ich zurück In die Baracken am Flughafen. Stubendienst war der Befehl für mich. Bei der Ruhe tagsüber sind auch die Ratten aus ihren Löchern gekommen, auf die ich, um die Zeit zu überbrücken, Jagd machte, aber keine fangen konnte, so flink waren diese Viecher.

Nicht fehlen durfte natürlich, dass ich mir eine kleine Freundin zulegte. Wir hatten ja Ausgang an den meisten Abenden. Eine hübsche 17jährige Blondine aus der Augustastraße. Mit ihr besuchte ich unter anderem auch das bekannte Haus Vaterland, denn dort trat zu dieser Zelt unser Vorzeige - Schwabe, Willi Reichert, auf.
Als Vormann wurde ich Mitte Januar 1944, als der Einberufungsbefehl der Kriegsmarine vorlag, entlassen.

Wieder daheim konnte ich mich, wie im Herbst 1943 aufgehört, fast nur dem Fußball widmen. 3 Mal Training wöchentlich und Spiele mit der A 1 der Stuttgarter Kickers 1899 e.V. - immerhin Süddeutscher Meister, mehr gab es damals nicht. Es war Krieg, viele Spieler wurden zur Wehrmacht eingezogen.
Unser Trainer Ossi Müller musste 1943/44 sehr oft improvisieren und setzte dabei notgedrungen auf die Jugend. Deshalb verdammte er immer 3 bis 4 A-Jugendspieler auf die Ersatzbank, denn es war klar, dass Spieler der Wehrmacht In der Etappe mal einen Straf-

dienst oder einen anderen Dienst wahrnehmen mussten oder gar an die Front abkommandiert wurden. Dann sind wir zum Zuge gekommen. Doch die Freude war 1944 nur kurz, denn die Einberufungen, für mich zur Kriegsmarine, folgten bald.

Damals war es unter den Gauliga-Mannschaften so Sitte, dass die Heimelf zum Bankett eingeladen hatte. Nur ein Beispiel: Kickers war Gastgeber, die Stuttgarter Sportfreunde von nebenan der Gast.

Herrlich, die sauber und weißgedeckten Tische und besonders das gebotene Menü. Bel dieser Gelegenheit ging dann Immer der Geschäftsstellenleiter, Eugen Ruf, mit seinem Bargeldsäckel, die Runde. Edmund Conen (Nationalspieler) saß neben mir und bekam 100 RM pro Spiel, wir Jugendspieler generell 10 RM. Immerhin konnte ich mit meinem Freund und Sportkameraden Gerd Jeitner, z.B. im Wllhelmsbau, mir etwas leisten (sonst hätte Ich diesen Betrag zu Hause sicher voll abliefern müssen).

Am 10. März 1944 meldete ich mich laut dem Einberufungsbefehl in Kiel zum Treff. Vom Hauptbahnhof aus marschierten wir in Dreierreihen, natürlich mit dem Gepäck in der Hand, nach Kiel Friedrichsort. Dort wurden wir eingekleidet, noch in grau, und für mich ganz schlimm ... uns wurden die Haare auf kurz geschnitten.

Dann aber Aufbruch, mit Bahn und Schiff, nach Dänemark zur Rekrutenausbildung.

Im schönen Frederikshaven angekommen fühlten wir uns fast wie im Urlaub, so schön war dieses Fleckchen Erde. Doch die Realität holte uns schnell wieder ein. Wir, die 2. Batterie (die „Funker") bekamen einen Bunker als Quartier zugeteilt bzw zugewiesen.
Klein aber oho, u.a. 3 Betten übereinander mit·einem Abstand von nur 40 cm. Alles war aufs Beste ausgerichtet. Bei Alarm öffnete

sich automatisch das Dach und so kam man direkt und schnell zu den Geschützen. Die anfängliche Ausbildung war sehr hart, sodass wir abends meist müde und abgekämpft In der Falle landeten.

Jeden Morgen war Appell Es wurde kontrolliert, ob die Schuhe geputzt, ob die Uniform, Kopfbedeckung und Gewehr In Ordnung waren. Auch wurde von hinten kontrolliert, ob auch der Hals gewaschen wurde. Mehrere Kameraden, u.a. auch mal ich, waren dran und ab ging es In die Sandgrube. Wir wurden nach unten und wieder nach oben gescheucht, sodass wir am Schluss wie aus dem Wasser gezogen wirkten. Es versteht sich, dass bei diesem tiefen Sand ein Schritt vorwärts gleich 5 bis 6 Schritte rückwärts bedeuteten.

Wir wurden in 3 Zügen eingeteilt. Mit meiner 1,76 cm -Größe reichte es mir nur zum Zug 2, gleich Batterie, und da hatte ich Glück.

Unser Spieß, Oberfeldwebel Jensen, wählte mich zu seinem Aufklarer (Bursche). Ich musste seine Bude und das Umfeld in Ordnung bringen und halten. Anfangs machte mir nur der Kohleofen Schwierigkeiten, aber mit der Zeit klappte alles tadellos. Bei Fliegeralarm - leider sehr oft - musste ich ihn auf Schritt und Tritt begleiten. Einmal, beim Unterricht, befahl er mir, sein „Portepee" aus dem Schrank zu holen. Ich weigerte mich, denn ich war der Meinung, dass es so etwas nicht gibt. Nach langem Hin und Her führte ich den Befehl aus und tatsächlich fand ich den Zottel am angegebenen Platz.

Die Häme der Kameraden war mir daraufhin, bei großem Gelächter, sicher, doch ich war mir auch sicher, dass rund 95 bis 99 % dies auch nicht gewusst haben.

Die Dänen waren auf uns Deutsche zu dieser Zeit nicht gut zu sprechen, sodass wir nur zu Zweit oder mehr an Land gehen durften. Öfters kam es zu Auseinandersetzungen (Schlägereien und

Schießereien). So wurde auch ein Kamerad unserer Kompanie aus dem Hinterhalt erschossen.

An einem besonderen Feiertag war eine große Parade geplant. Für uns hieß es dazu „üben, üben, üben"! Es klappte dann auch tadellos. Mit dem Gewehr über den Schultern marschierten wir im Stechschritt mit der Ehrenbezeugung, 6 m vorher und2 m nachher, an den hohen Herrschaften vorbei.

Anscheinend machte ich meine Sache als Spießaufklarer recht gut, denn nach kurzer Zeit forderte unser Kompaniechef, Oberleutnant Roth, ein dicker, gemütlicher Offizier, mich als seinen Burschen an. Seine Bude war natürlich schöner, größer und komfortabler, so dass ich naturgemäß länger vom Dienst freigestellt werden musste. Bel den Fliegerangriffen fungierte Ich nun als Melder zwischen dem Chef und den Offizieren sowie den Unteroffizieren und Geschützführern.

Fazit: Ich habe die Rekrutenzelt relativ gut überlebt!

***

Im Güterwagen, wie üblicherweise das Vieh, wurden wir dann, mit einer Übernachtung Im Freien und freistehendem Donnerbalken, nach Waren-Müritz zur Signalschule transportiert.

Dort ging es zügig, aber auch anstrengend, voran. Zuerst wurden wir auf die Bretterbuden, mit der Zuständigkeit eines Gruppenführers, verteilt. Den Unsrigen, Obermaat Otto, nannten wir einfach „den Langen".

Fachlich lernten wir gut und schnell, dank der Vorkenntnisse bei der HJ. Militärisch mussten wir immer wieder mal bluten". Neben dem aktuellen Dienst: „Strafdienst und Spindkontrollen" Einige Stubenkameraden kamen, auch ich des Öfteren, dran. Mich hatte Otto besonders auf der Latte. Warum ... wahrscheinlich, weil ich ihm zu viel gemeckert habe. Bel diesem Stubenboden mit seinen vielen Fugen räumte er unsere Spinde total aus, sogar die Nähnadeln verteilte er einzeln, nur, weil zum Beispiel unsere „Päckchen" (Hemden, Wäsche, Pullover etc.) einen halben Zentimeter zu breit waren. „Glück im Unglück" hatte ich sehr, sehr bald.

Fast täglich traf ich mich auf dem Übungshügel zum Winken mit dem Maatsanwärter Martin von der anderen Seite. Wir tranken ab und zu mal ein Bierchen miteinander und wurden so recht gute Freunde.

Martin wurde zum Maat (Unteroffizier) befördert und wurde, welch besonderes Glück für mich, unser Gruppenführer.

Eines Tages wurde ein Überlebensdienst am Müritzer See, nach tagelangem Regen, angeordnet. Einen Tag und zwei Nächte. Zelte wurden aufgeschlagen und unser Sturmgepäck untergebracht. Bei diesem Dreck und Sumpf wahrlich kein großes Vergnügen. Auch dies ging vorbei. Zum Dank durften wir zuletzt früh am Morgen im relativ kalten Wasser des Müritzer Sees zur Gaudi baden oder nur etwas schwimmen.

Doch abschließend mussten wir aus dem Wasser, obwohl am Strand uns 10 junge Mädels erwarteten. Jeder genierte sich mächtig und verdeckte voller Scham sein „bestes Stück", geschrumpft durch das kalte Wasser. Schlimmer war allerdings das Reinigen unserer Klamotten im Lager.

An einem schönen Abend schlug Martin mir eine kleine Bootsfahrt auf dem Müritzer See vor. Darauf habe ich mich gefreut. Wir ruderten um die Vogelinsel zum über 3 m hohen Schilfstrand, fuhren etwa 8 Meter durch das Schilf und plötzlich standen drei, nicht gerade freundliche, Männer vor uns.

Nachdem wir ihnen erklärt haben, dass wir nur die Gegend anschauen wollten, luden sie uns in ihre einzige Stammkneipe ein. Unsere Unterhaltung verlief, nach einer gewissen Durststrecke, sehr heiter bei einem Gläschen Bier, so dass wir uns im guten, gegenseitigem Einvernehmen verabschieden konnten.

Was waren dies denn für Leute? Sie wohnten weitab in 5 Lehmhütten rund um die Kneipe. Es versteht sich, auch der Dorfplatz wurde aus Lehm gebaut. Rundum hohe Bäume, die dem Dorf ihren Charakter aufdrückten. Dunkel im sehr rötlichen Licht, wie im Märchen! Angeblich ernährten sich die Bewohner vom Fischfang.

Zurück im Lager. Es ging im alten Trott weiter, bis wir unsere Prüfungen in der Tasche hatten, eben mit der Beförderung zum Matrosen IV-SIG.

Mit mir wurden weitere 15 Kameraden nach Pillau abkommandiert. Ein Kuriosum: Ich wurde zum Transportleiter - obwohl Gefreite, Obergefreite und Hauptgefreite, in den Reihen standen - ernannt.

Der Transport verlief ordentlich. Ein Herr Oberleutnant hatte sich wohl über den Krach im Zug beschwert, doch dies hat uns nicht weiter gestört. In Berlin hatten wir zwei Tage und eine Nacht Aufenthalt. Mit meinem Stubenkameraden und Freund, Obergefreiter Hugo , ging es an Land und wir lernten gleich zwei nette, hübsche Damen kennen.

Kinobesuch war angesagt. Dabei wurde im Dunkeln das Schmusen von uns beiden nicht vergessen. Kurz nach Schluss kam der 1. Fliegeralarm. Wir suchten gemeinsam den Luftschutzbunker auf. Nach der Entwarnung wollte die Hugo-Begleiterin nach ihrem Friseursalon, ganz in der Nähe, sehen.

Es war alles in Ordnung.

Auf dem Weg in ein vorgeschlagenes, nettes Lokal wollte die junge Dame nochmals zurück. Sie hätte etwas vergessen, meinte sie. Dann kam der zweite Fliegeralarm. Wir gingen ohne die junge Friseuse wieder zum Bunker. Wir dachten uns nichts Böses und machten uns nach dem Ende des Luftangriffes auf den Weg zum Salon.

Das Haus mit dem Friseurgeschäft im Untergeschoss wurde durch eine Fliegerbombe total zerstört.

Wir suchten unsere kurze Bekannte und fanden sie schnell ... tot auf.

Man konnte sehen, dass sie auf dem Weg zum Ausgang war. Der Schock saß bei uns tief, die Freundin weinte bitterlich. Sie wollte allein sein, das wir akzeptierten. Wir verabschiedeten uns auf Nimmerwiedersehen, denn wir hatten vorher keine Adressen ausgetauscht. Der letzte Teil der Fahrt wurde ohne Zwischenfälle bewältigt.

In dem schon vorher berüchtigten Pillauer Barackenlager gings schnell mit den Zuweisungen der Stuben voran. Meine Zimmerkameraden waren teils Gefreite, Ober- oder Hauptgefreite und ein arbeitsloser Maat (Unteroffizier). Alle sehr „alte Hasen". Meist konnte ich nicht immer Gutes von ihnen lernen.

So an einem Abend. Der liebe Maat schlug eine Wette vor. Er würde es hinbekommen, dass eine Katze immer im Kreise herumläuft. Die Wette galt. Es wurde von den vielen Herumstreunenden eine gefangen und los ging die Prozedur.

Eigentlich ging es ganz schnell. Der Maat schnitt der Katze einfach den Schwanz ab und warf sie aus dem Fenster.

Draußen sprang diese tatsächlich wie verrückt im Kreise herum, bis zur totalen Erschöpfung. Bei uns im Zimmer war Funkstille. Jeder wandte sich ab und von der Wette wurde nicht mehr gesprochen. Der Täter war immerhin ein Unteroffizier. War sicher kein Vorbild?

An einem Morgen musste unsere Gruppe, 8 Mann, zum Pullen heraustreten. Dem Oberbootsmann ging es nicht schnell genug, er pfiff und schrie uns nach Strich und Faden an, sodass die Schwarten nur so krachten! Wir waren für ihn:

„Der Abschaum, die Schlawiner, Schlamper, Wichser, Arschlöcher, Halbstarke und Anfänger" Warum eigentlich, das wussten nur die Götter. Im Eiltempo ging es zum Kutter.

Fix saßen wir drin, nahmen die Riemen zur Hand und ruderten auf die lautstarken Kommandos hin, Richtung offene Ostsee. Kaum draußen, kamen uns, unerwartet, über 3 Meter hohe Wellen entgegen. Wir schleuderten hin und her und waren nahe dem Kentern. Wir hörten keine lautstarken Befehle mehr. Im Gegenteil, plötzlich waren wir gute Kameraden und Freunde, die es gemeinsam schaffen müssen ... und wir schafften es glücklich an Land zu kommen.

Unser gnädiger Oberbootsmann - Feldwebel - hatte ein ganz schlechtes Gewissen und Angst vor einer Meldung, doch wir hielten dicht. Dadurch wurden wir, Gott sei Dank, von ihm in der Folge in Ruhe gelassen. Etwas ruhiger absolvierte ich im Schnelldurchgang den Geschützführer-Lehrgang und bekam anschließend das Zeichen „Granate mit zwei Winkeln" auf den linken Unterarm geklebt.

Fast zum Ende unseres Aufenthaltes bekamen wir den dienstlichen Befehl uns zu dem Gebäude des „Strafbataillons 999, Außenkommando Marine" (so wurde unter vorgehaltener Hand gemunkelt) zu begeben. Dort vor dem hohen Stacheldrahtzaun wurde bereits eine kleine Baracke mit Zubehör aufgebaut, um uns mit dem Nötigsten zu versorgen. Lange mussten wir warten, auf dass etwas geschah. Wohl sahen wir den hohen „Marterpfahl" auf der Wiese, ca. 20 m von der Hütte entfernt, stehen. Doch während der langen Wartezeit interessierten wir uns mehr über die Vorkommnisse im Gebäude hinterm Zaun.

Es war schönes, sehr warmes Wetter und die Türen standen weit offen. Was wir da zu sehen bekommen haben, hat uns bald vor Schreck umgehauen. Ein Unteroffizier schlauchte auf dem Gang einen Gefangenen hin und her mit dem wiederholten Kommando: „Hinlegen, mit der Zunge den Boden reinigen, Aufstehen!" Wir waren echt geschockt. Uns kam bei dieser Gelegenheit zu Ohren, dass die Insassen degradierte Offiziere und Unteroffiziere waren, die wegen Fahnenflucht verurteilt wurden.

Angeblich wurden diese nach einem 3 bis 4-wöchigen Aufenthalt an die vorderste Front als „Kanonenfutter" abkommandiert.

Nach der Essenspause bekamen wir, 30 ausgesuchte Männer, unsere ungeladenen Gewehre und mussten uns hinter den 7 Scharfschützen, die zwischenzeitlich eingetroffen sind, aufbauen. Der angeklagte Deserteur, ein großer, schlanker Obermaat in blauer Uniform, wurde streng bewacht zum „Marterpfahl" geführt und festgebunden. Ein Pfarrer sprach lange mit ihm und anschließend kam dann: „Feuer frei!" Wir konnten kaum noch hingucken, als der junge Unteroffizier in sich zusammensackte.

Noch etwas: Neben einer zeitweise schweren Waldarbeit wurde ich eines Tages dazu eingeteilt, schwerverletzte Soldaten auszuladen um diese, bis zum Krankenhaus, zu betreuen.

Wir marschierten zum Hafen. Ich musste mich auf der „Robert Ley", dem einstigen KdF-Schiff melden und wurde ins zweite Unterdeck verwiesen. Dort lagen die Verletzten fast übereinander, zum Teil mit lautstarkem Stöhnen, teils mit nur einem Bein, mit einem Arm und weiteren Kopf- und Körperverletzungen, blutverschmiert bei starkem Gestank im Raum. Vieles musste ich hören: „Na, du kleiner Zinnsoldat, du Baby, du Milchsuppengesicht" aber auch: „Sei froh, dass du noch so jung bist und du als Mariner nicht an der Front in Russland verheizt wirst." Alle waren aber für meine Hilfe, die anerkannt wurde, sehr dankbar und haben mich mit sehr viel Lob verabschiedet.

Alsdann kam für mich die Erlösung, die Abkommandierung zur 22. U-Boots-Flottille, zum Tender Weichsel nach Gotenhafen. Zur Überfahrt durfte ich als Signalgast auf einem Torpedoboot aushelfen. Dort hat es mir prima gefallen ... aber: „Befehl ist nun mal Befehl!"

Auf dem Unterseebootsbegleiter Weichsel wurde ich höchstpersönlich von Kommandant Rapp (Korvettenkapitän) und von den Offizieren und Unteroffizieren begrüßt und gleich zum „Moses", dem jüngsten Matrosen an Bord, mit den üblichen Schikanen, man kann auch Späße sagen, abgestempelt. Gott sei Dank kam dann mein sogenannter Nachfolger, ein Schwabe, Kurt Wagner (auch Jahrgang 1926) nach gut 2 Monaten an Bord. Er hatte es nicht leicht mit seinem „schwäbischen" Bootsmannsmaat, konnte sich aber ganz gut behaupten.

Ich durfte mich derzeit auf dem Signaldeck bewähren und zwar mit Signalmeister Dorsch, einem älteren, gemütlichen und netten Vorgesetzten, sowie mit dem nicht so gemütlichen Signal-Obergefreiten Paul Schuckert. Erst nach langen Gesprächen und einem privaten „Winkduell"- das ich gewonnen habe - fanden wir zusammen und wurden so ein gutes Dreierteam. Vielfach waren wir draußen auf hoher See im Einsatz, den wir immer gut, trotz den Fliegerangriffen und der U-Bootsgefahr überstanden haben.

Uns wurde eingetrichtert, dass die gegnerischen Flugzeuge immer aus der Sonne kommen und so sollten wir dementsprechend reagieren.

Einmal schlug ein Geschoss etwa 5 cm neben mir auf Kopfhöhe ein! Zwischendurch standen zur Abwechslung das „Schleifefahren" (Entmagnetisierung gegen Minen) und das „Kohlen" (wir waren ja schließlich ein Kohlenpott) in entfernten Häfen auf dem Programm.

Während dieser Zeit machte ich, am Ufer entlang, einen kleinen Spaziergang. Plötzlich hörte ich einen Ruf vom Deck eines Schnellbootes: „Hallo Rudi!" Es war mein ehemaliger Boxtrainer Hermann Kramer (als Bootmannsmaat). Er lud mich ein an Bord zu kommen. Dort waren sie dabei die Gitter zum Fang von Aalen auszuwerfen. Diese wurden dann, wenn gefangen, auf einem kleinen Spirituskocher kleingeschnitten und gegessen. Lustig war es, dass sogar die klein geschnittenen Teile über 1 m in die Luft sprangen.

Lagen wir an der Pier, dann war stets strenger Dienst angesagt: „Decks reinigen, Unterricht, sowie, nach dem Aufstehen, Hängematten zurren. An Oberdeck, möglichst bei Wind, wurde dann kontrolliert -zum großen Spaß der Vorgesetzten- und wehe dem, eine Matte wurde nicht richtig gezurrt, dann flogen Leinentuch, Kissen und Decken davon und man hatte große Mühe alles wieder einzufangen".

Zwischendurch ein großer Tag: Unser Kommandant erhielt vom·Flottillen-Chef, im Namen des Führers, das Deutsche Kreuz in Gold, die Offiziere das EK 1, die Unteroffiziere das EK2 und das Fußvolk das Kriegsverdienstkreuz überreicht.

Mit 2 Ausnahmen: Kurt Wagner und ich gingen leer aus.
Warum diese Auszeichnungen? Weil unser Boot mehr als 5 Flugzeuge abgeschossen hat, was wir, Wagner mit mir, aber nicht miterlebt haben.

* * *

Am 9. November 1944 wurde ich zum Signalgefreiten befördert!

Weihnachten haben wir in einer Baracke im Hafengelände gefeiert ... mit kleinem Vesper und dunklem Becks-Dünnbier. Auch ich kam dabei zu meinem besonderen Auftritt und zwar mit dem Lied „Auf d' schwäbischa Eisabahna". Mit der erstklassigen Akkordeonbegleitung war es gar nicht so schwer und kam auch gut an.

Etwas vorher: Nach einem Einlaufen in Pillau bekam ich vom Kommandanten den Befehl, ein wichtiges Geheimdokument bei der Zentralstelle „Ostsee Süd" dem leitenden Offizier persönlich zu übergeben. Ich meldete mich - es ging zu wie bei einem Ameisenhaufen - beim Empfang pflichtgemäß an und musste sehr lange

34

warten. Während dieser Zeit lernte ich die hübsche Marinehelferin, im Range eines Maates, Maria „Ria" kennen. Wir verab-
redeten uns für die nächsten Tage bis zu unserem Auslaufen. Es waren schöne Tage, wir verliebten uns und der Abschied - unsere Adressen haben wir ausgetauscht - fiel uns schwer. Doch auch die-se Affäre war, während der Hektik der Zeit, bald Vergangenheit ...
bis mir später, beim Minensuchen im Skagerrak, nach dem Krieg (in Gefangenschaft) auf hoher See die unangenehme Überraschung serviert wurde. Wir saßen beim Frühstück an der Back. Es kam die Durchsage: „Wir gratulieren unserem Rudi Waizenegger ganz herz-lich zur Geburt am 3. Oktober 1946 seines Sohnes Heinz-Dieter ." Es wurde kurz gefeiert, doch auch dieses Ereignis wurde
durch mich zukünftig fast vergessen.

Wie kam es dazu?

Vor meinem Einstieg auf das Begleitboot „Saar" noch im Gefan-genenlager Ebkeriege, bekam ich 3 Wochen Urlaub in die englische Zone. Mein früherer Kumpel der Marine-HJ, Rudi Frech, den ich im Lager ganz zufällig getroffen habe und der für die gleiche Zeit auch Urlaub bekam, verriet mir den „Übergang in Frankfurt" zur ameri-kanischen Zone, ohne kontrolliert zu werden. Es ging gemeinsam los. In Frankfurt mussten wir eine Zeitlang durch den Wald – um Mitternacht, mit Taschenlampen bewaffnet - bis zum angeblichen Übergang.

Plötzlich tauchten drei englische Soldaten vor uns auf, schwer bewaffnet, u.a. mit Maschinengewehren, und riefen:

„Halt! Wohin?" Sie sprachen gut deutsch mit uns, sodass wir sa-gen konnten, dass wir nach Stuttgart wollten. Die Antwort war glasklar: „Nein! Entweder zum Urlaubsort oder zurück zum Stand-ort." Wir trennten uns. Ich fuhr zum Urlaubsort „Witten-Heven" und erlebte recht schöne Wochen.

Günstig war auch, dass der Vater meiner Freundin eine Gaststät-te betrieb und wir dort günstig einkehren konnten.

Auch um die Weihnachtszeit 1945 war ich nochmals dort und da geschah wohl der gewisse Anstoß.

Um diese Zeit hat ein Bordkamerad mit mir bis in den Morgen ⍰" g e f e i e r t ". Auf dem Weg nach Hause sahen wir in weiter Ferne zwei „Kettenhunde" auf uns zukommen. Wir sind flugs über den Zaun geklettert und auf das erstbeste U-Boot geflüchtet. Die U-Bootler haben uns gleich in ihren Fallen versteckt und so entkamen wir mit Glück einem dreitägigen Knast.

Wie es aber der Teufel so will, wurde ich einige Tage später gerade auf dieses Boot abkommandiert. Ich wurde dem Chef der Flottille als Signalgast bei der geplanten Feindfahrt zur Seite gestellt. Es konnte losgehen, meist unter Wasser ... Richtung Litauen. Oft wurden wir mit Wasserbomben, von den Flugzeugen aus, bombardiert. Dank des Kommandanten, eines erfahrenen Kapitänleutnants, überstanden wir durch sein hervorragendes Können und der Kenntnis der Lage die brenzligen Situationen. Dazu muss ich ergänzend sagen, dass die Engländer und Russen ein „Radargerät unter Wasser' besaßen und wir Deutsche dieses leider noch nicht. Alles hatte den Anschein, dass wir die Bewegungen des Flüchtlingsstromes beobachten mussten (dies war allerdings eine reine Vermutung unsrerseits, denn es wurde streng geheim gehalten).

Zurück. Die gesamte Weichsel-Besatzung musste anfangs Januar 1945 auf dem Oberdeck antreten. Kommandant Rapp erhielt, von oberster Stelle (vom Admiral der östlichen Ostsee) den Befehl, einige Matrosen an die näherkommende Front abzustellen. 12 Kameraden traf das traurige Los (nur Seeleute, keine Funktionäre). Zur Untermauerung bekamen wir Besuch von Großadmiral Dönitz. Schon am Morgen wurde geübt, sogar beim Antreten wurden Seile gespannt, um die Schuhspitzen genau miteinander auszurichten. Doch ... es kommt immer anders, als man denkt. Dönitz kam und gab gleich das Kommando „Herumschließen!" Nach den „Durchhal-

teparolen" mussten wir wieder zurück in Reih und Glied. Der Großadmiral schritt die Front ab und kam dabei direkt auf mich zu. Mir
sank fast das Herz in die Hosentasche. Er fragte mich ganz freundlich: „Wie alt ist er?" und ich antwortete gehorsam: „18 Jahre, Herr
Großadmiral!"

Schon wenige Tage danach hatte ich Abenddienst, 4 Stunden
Signaldeck. In der Dämmerung sah ich schon in der Ferne einen
Matrosen auf unser Boot zukommen. Als er etwas nähergekom-
men ist, der junge Mann in blauer Uniform war dreckig, ungepflegt
und sehr aufgeregt, erkannte ich meinen einstigen Bordkameraden
und Freund Gerhard, mit dem ich oft Tischtennis, sowie weiteren
Sport getrieben habe und mit ihm auch öfters an Land ging.
Er erzählte mir und uns, dass alle anderen Kameraden (zum
größten Teil in blauer Uniform) gefallen sind und er keinen anderen
Gedanken hatte, als abzuhauen! Nur eine Nacht wollte er bleiben.
Im Maschinenraum konnten wir ihn in einer kleinen versteckten
Kammer und dementsprechendem Einstieg mit Bettzeug unter-
bringen. Wir waren uns einig, dass ein Außenstehender und Nicht-
eingeweihter dieses Versteck nicht finden kann.
Morgens gegen 5.30 Uhr große Aufregung! Mehrere Kettenhun-
de mit einem Sonderkommando baten den Kommandanten um
Erlaubnis an Bord zu kommen. Das Ziel war für sie, ganz ohne Um-
wege, der Maschinenraum und das Versteck von Gerhard.
Zweifellos Verrat!
Er wurde, an Armen und Beinen gefesselt, abgeführt. Noch auf
der Uferstraße, rund 100 m an den anderen Booten vorbei, wurde
Gerhard kurzerhand an einen Lichtmast gefesselt.
Einige Schüsse ohne Verurteilung und es gab einen „Fahnen-
flüchtigen" weniger.
Wir, die Freunde und Kameraden an Bord, konnten dies nicht
fassen und begreifen. Wir waren schockiert - doch wir mussten den
Mund halten.

37

Es ging weiter. Vom Signaldeck aus konnte ich genau die Massen der Flüchtlinge, die auf uns zukamen, sehen. Unser Boot lag ideal an der rechten Pier, als letztes vor der Kreuzung zu der gegenüber befindlichen. Dort lag die große „Wilhelm Gustloff" (26.000 BRT), unscheinbar ... eine „graue Maus". Meiner Schätzung nach steuerten die Flüchtlinge zu rund 95 % die Gustloff an. Nur 5 % wählten die Boote an unserer Uferstraße. Wir bekamen 600 Flüchtlinge, meist Frauen, Mädchen und Kinder ... auch 3 U-Bootskommandanten ohne Boot, zugeteilt.

Einige Tage war höchste Alarmbereitschaft.

Am 30. Januar 1945, um ca. 13 Uhr, hieß es für unseren Verband (Torpedoboote, ein Zerstörer, Minensuchboote, voran unsere „Weichsel" als Führungsboot) mit unseren U-Booten zum Schutz „Leinen los". Die Gustloff ist etwa eine halbe Stunde vor uns ausgelaufen, doch wir fuhren in Höhe Hella an dieser vorbei, die dort neben der Hansa geankert hatte. Warum, wussten wir nicht.

Der Winkspruch an mich beinhaltete nur „Weiterfahren". Es wurde Nacht, es war bitterkalt und unser Verband zuckelte mit etwa 14/15 Knoten ohne besondere Vorkommnisse bei Regen und leichtem Seegang so dahin.

Um 23 Uhr trafen sich, außer Plan, auf dem Signaldeck der Flottillenchef, der Kommandant mit den Offizieren und dem Stabsobersteuermann, um zu beraten. Ich hörte als Signalgast notgedrungen mit. Ein Funkspruch von einem in der Nähe befindlichen Torpedoboot lautete: „S O S! Gustloff von 3 Torpedos schwer getroffen, sinkt!"

Eine Tragödie zeichnete sich ab, doch unsere Offiziere entschieden sich zum Weiterfahren, denn immerhin hatten wir 600 Flüchtlinge an Bord und die wollte man nicht aufs Spiel setzen, zumal einige Boote angeblich zur Rettung bereits unterwegs waren.

Am frühen Morgen danach sichtete ich ein Sehrohr eines russischen U-Bootes (Anmerkung: Russische Sehrohre ragten weiter aus dem Wasser als deutsche). Dann „U-BootAlarm!" Unsere U-Boote schweiften sofort aus und warfen Ihre Wasserbomben, allerdings ohne Treffer, denn die Russen tauchten sehr schnell ab.

„Schön waren die Wasser-Detonationen, wenn es nicht so ernst gewesen wäre."

Doch für unsere Seeleute gab es auch Spaß bei besonderer Freude. Sie warfen einige Dosen von Bord und grölten: „U-Boot in Sicht"! Die Frauen, Mädels und Kinder an Oberdeck schrien und liefen, vor lauter Angst, wild durcheinander. Ich hatte vom Signaldeck aus Einsicht, auch Mitleid und beruhigte mit „Fehlalarm!"

So zwischendurch musste ich auch einen netten Winkspruch an den Kommandanten eines U-Bootes abgeben: „Sohn geboren, Mutter und Kind gesund und wohlauf!" Diese Mitteilung löste sichtbar große Freude auf dem kleinen Boot aus und sicher wurde das frohe Ereignis etwas gefeiert.

Ein besonderes Übel belastete mich während der ganzen Überfahrt. Unser Kollege Schuckert (Signalobergefreiter) konnte seine Frau als Flüchtling aus Königsberg an Bord bringen und beide bekamen eine kleine Kammer zugewiesen. Immer wenn unser Paul die Kammer - meist zur Ablösung - verlassen wollte, bekam seine Frau einen Tobsuchtsanfall, sodass er wohl oder übel bei ihr bleiben musste. Natürlich waren die Leidtragenden Signalmeister Dorsch und ich, da wir die Wachen des Obergefreiten übernehmen durften. Nach einer solchen übernächtigen Wache wollte ich zum kurzzeitigen Schlafen in meine Hängematte schlüpfen. Doch oh Schreck, die Hängematte war von einem hübschen, netten Mädchen belegt. Ich legte mich einfach zu ihr und schlief, todesähnlich, in ihren Armen selig ein. „Schade, dass ich zu müde war!!"

Ganz klar, die Fahrt unseres Verbandes wurde fortgesetzt. Seegang kam auf, so dass sich die Kübel im Seemannsdeck (mit den meisten Flüchtlingen besetzt) schnell mit dem „hellblauen Saft" füllten und deshalb die Deckbewohner flach lagen. Sie bekamen die Gefahr rund um uns herum gar nicht mit. Wir Signäler mussten aber hellwach sein, da es generell in der Ostsee geradezu von russischen U-Booten wimmelte. Auch auf verankerte Minen musste besonders geachtet werden. Kleine Luftangriffe „aus der Sonne" verkrafteten wir ohne besondere Auswirkungen.

Wir kamen mit viel Glück gut durch. Allerdings passierte mir kurz vor Kiel ein kleines Malheur und das mit einem Kapitänleutnant und Ex-U-Bootskommandanten mit Ritterkreuz, doch einen Kopf kleiner als ich, als sogenannter Beobachter auf dem Signaldeck. Ich bekam den Befehl „von oben", mit der Flaggenanzeige 5 Knoten schneller zu fahren, doch ich hatte versehentlich 5 Knoten langsamer angezeigt.

Unser Boot fuhr natürlich schneller und die weiteren Geleitboote langsamer. Wohl merkte ich dieses Manko schnell und verbesserte mich mit weiteren Flaggensignalen! Das genügte dem „Zwerg" neben mir aber nicht und machte mich ganz schön zur Schnecke.

Es folgte der zweite Lapsus. Kurz vor der Einfahrt in den Kieler Hafen überholte uns ein Schnellboot mit einem Winkspruch des dortigen Signälers.

Teils bekam ich die Mitteilung mit, teils nicht und zeigte deshalb „Nicht verstanden" an. Leider gab es keine Wiederholung, weil das kleine Boot in der Kieler Einfahrt zu schnell verschwunden war. Wieder war der Zwerg auf dem Trapez. Er hatte den Spruch mitgelesen. Gott sei Dank war er harmlos, trotzdem tobte er und verlangte den Kapitän zu sprechen und wollte diesem meine Degradierung zum Matrosen unterjubeln. Kommandant Rapp verwies den Kaleu in seine Schranken und klärte diesen auf, dass ich generell ein sehr guter Signalgast bin, was mich heimlich gefreut hat.

Jubel und Freude an Bord, denn wir konnten endlich im Kieler Hafen anlegen. Danach umtriebiges Leben. Alle Flüchtlinge wurden noch an Bord den entsprechenden Lagern zugeteilt, das halt nicht ganz ohne Reibereien über die Bühne ging. Nach Wochen war der Spuck zu Ende und der Alltag (Reinschiff etc.) kehrte ein.

Zur Überholung ging es in die Howald-Werft. Auch ich musste, erstmalig, zum außerbordigen Streichen feste ran. Dann noch „Schleife fahren" und weiter ging es allein durch den Kaiser-Wilhelm-Kanal (heute Ostseekanal). Unter der Brücke „Rendsburg" war HALT! Über einen angeblichen Feindsender erhielt unser Kommandant die Nachricht, dass ein Großangriff der englischen Luftwaffe auf unseren Tender und weitere Boote im Kanal geplant seien. Höchste Alarmbereitschaft und Ausgehverbot wurden ausgerufen.

Die Schule für Marinehelferinnen oberhalb unseres Anlegeplatzes wurde bald gesichtet und es wurde bedauert, dass man nicht mal kurz Ausgang bekommt. Einigen Marinehelferinnen gelang es aber trotzdem zu uns an Bord zu kommen. Alle - hüben wie drüben - waren scharf wie Rettiche. Es kam wie es kommen musste. Unser Kommandant drückte dazu beide Augen zu.

Wir Signäler mussten leider unseren Dienst tun. Der Großangriff blieb allerdings aus. Nur 3 Bomber flogen über unser Boot, das aber unter der Brücke gut gesichert war, und warfen einige Bomben ab, die aber nicht trafen. Weiter ging es dann, an Cuxhaven (Nordsee) vorbei - auch Helgoland sichteten wir - zur Endstation Wilhelmshaven. Mit einigen Ausfahrten wurde dieser Hafen bis zum Ende des Krieges unser Standort.

Naiv und gutgläubig übergab ich bei einem Landgang einige überzählige Klamotten einem „Schwaben aus Stuttgart", damit er diese nach Kriegsende an meine Adresse sendet. Zum Dank übergab ich ihm eine schöne Lederjacke. Das Paket kam nie an!

Genau am 8. Mai 1945 gingen die Tore unseres Stützpunktes auf und englische Panzer fuhren ein. Alle Luken waren geschlossen und wurden erst nach vielen Runden langsam geöffnet. Dann übernahmen die Engländer unser Boot. Wir mussten Klarschiff machen und unsere Päckchen schnüren. Zuvor wurde von unseren Mechanikern verlangt, die Geschütze mit Schweißbrennern zu zerstören.

Ich saß mit meinen Kameraden auf der Reling und schaute interessiert zu. Plötzlich wurde mir schwarz vor Augen und man führte mich zu einer Koje im Sanitätsraum. Dort lag ich, total blind, über einen Tag und eine Nacht. Doch dann wurde es, „dem Herrgott sei Dank", besser. In den Gebäuden des Stützpunktes hausten die Engländer. Wir durften dort „mithelfen" zum Beispiel den Proviant ausladen und in den Kühlraum transportieren. Das Schild „Diebe werden erschossen" haben wir wohl übersehen und klauten was wir an uns unterbringen konnten. Wir hatten extra dafür unsere Rohrstiefel angezogen. Es war nur eine Frage der Zeit und wir wurden erwischt ... aber nicht erschossen!

Dann kam der Tag des Abschiedes. Wir gingen von Bord mit dem Ruf „NIE WIEDER KRIEG! in Richtung Gefangenenlager Ebkeriege. Beim dortigen Einmarsch wurde von der rechten Seite mein Name gerufen und zwar vom erhöhten Verpflegungsraum aus. Es war ein alter Spezi mit hoher Kochmütze auf dem Kopf.
Die Wiedersehensfreude war natürlich groß, wir trafen uns bei nächster Gelegenheit und erzählten uns unsere gegenseitigen Erlebnisse.

Ganz klar versprach er, mir durch das hintere vergitterte Küchenfenster ab und zu etwas zukommen z u   l a s s e n

Am 1. Juli 1945 wurde ich auf das Begleitboot „Saar" abkommandiert. Die Saar wurde als Führungsboot auserkoren, um Kriegsschiffe und weitere, neutrale Boote für Russland in Swinemünde zu übergeben. Dort wurden wir mit Maschinenpistolen empfangen und sehr streng bewacht ... kein Landgang!

Nach Erledigung dieser Aufträge machten wir bei der Rückfahrt halt inTravemünde mit der Überholung des Bootes in Lübeck. Wir bekamen endlich genehmigten Ausgang. Im gegenüberliegenden Travemünder Hotel mit Gaststätte, nahe der Trave, lernten wir, 2 Bordkameraden und ich, 3 nette Mädels kennen, die uns zum Besuch ins Flüchtlingslager an der russischen Grenze eingeladen haben. Wir setzten uns mit der Fähre über, denn die dortige Brücke wurde im Krieg zerstört. Wir wurden von den älteren Frauen sehr freundlich empfangen, die uns dann den jungen Damen überlassen haben. Es hat sich so ergeben, dass wir bald in den Doppelbetten landeten. Wir trafen uns noch einmal, dann ging es ab Richtung Kopenhagen.

Dort lagen wir lange Zeit vor Anker. Als Signalgast war ich entbehrlich. Deshalb wurde ich zum einen als Sanitätsgast (Spritzen aufziehen, meist für Geschlechtskranke) und zum anderen, kurz danach, als Pantry-Gast (mit dem Kollegen Peter) in der Offiziersmesse eingesetzt. War nicht schlecht.

So lernten wir auch zwei ältere Putzfrauen - die vom Flüchtlingslager (Mitte Kopenhagen) übergesetzt wurden - kennen. Diese fragten wir naturgemäß, ob es im Lager denn keine junge Mädels gibt? Klar, war die Antwort. „Wir schicken euch zwei hübsche, junge Damen, anstelle von uns, bei der nächsten Anforderung rüber." Sie hielten Wort. Beide waren tatsächlich sehr hübsch und die Entscheidung „wer zu wem" war wirklich schwer. Letztendlich entschied ich mich für die Blondine und mein Kollege für die Schwarzhaarige. So verbrachten wir schöne Tage mit den Beiden.

Eines Tages erhielten wir von den Mädels die Einladung, sie doch mal im Lager zu besuchen. Nur so erhielten wir sicher keinen Berechtigungsschein um an Land zu gehen.

Ganz einfach: Wir feierten Verlobung. Ich mit Elisabeth , genannt „Elli" und konnten so als Bräutigams aufs Festland übersetzen.

Der Weg durch Kopenhagen war steinig, das heißt, wir wurden immer wieder als Deutsche in Uniform mit Steinen beworfen oder wurden angespuckt, das wir aber in Erwartung verkraftet haben.

Im Lager trennte sich der Weg von meinem Kameraden. Im Zimmer von Elli wurde ich sehr herzlich aufgenommen und die Zeit der allgemeinen Unterhaltung verging wie im Fluge. 24 Uhr Lagerkontrolle: Eigentlich wollte ich vor dieser Zeit gehen, doch ich wurde einfach mit Elli ins Bett gestoßen, so dass ich selig in den Armen meiner Braut die restliche Nacht verbrachte. Die Zeit des genehmigten Ausgangs habe ich wohl überzogen, doch der Weg zurück durch die Stadt zum Hafen und die Übersetzung zum Boot konnte ich mit Glück gut überstehen.

Die Zeit des Abschieds kam schneller als gedacht. Elli bekam noch schnell meine Stuttgarter Adresse und es ging auf direktem Weg zurück nach Deutschland, nach Kiel-Friedrichsort.

So ganz nebenher gesagt wurde ich dort - von eigenen Kameraden - bestohlen. Das meiste Geld (sauer erspart) und diverse Bilder wurden mir aus meinem abgeschlossenen Seesack geklaut.
Ich wartete auf den Aufruf meiner Nummer zur Entlassung.

Die Papiere, Bestätigung des Wohnortes und der Arbeitsstelle, habe ich von Stuttgart bereits bekommen, doch 2 Nummern vorher erhielt ich den Befehl mich auf der „M362" der 22. Minensuch-Flottille zu melden.

Der Kommandant hatte kein Erbarmen mit mir. Ich musste einsteigen. Seine Antwort: „Signäler sind rar, die brauchen wir halt!" November 1945 bis November 1946 ging es Richtung Norwegen los. In Cristiansand (Nähe Oslo) erwartete uns ein bestens angelegter Stützpunkt mit allem Drum und Dran. 2 Theater, Meerfreibad, Bars und eine Sauna auf hohem Felsen mit der Möglichkeit eines abschließenden Sprungs aus luftiger Höhe ins Meer. Auch Marinehelferinnen waren hier stationiert, doch diese interessierten sich nur für die Offiziere ab Leutnant aufwärts. Mit Speis und Trank (offiziell kein Alkohol) konnte man sehr zufrieden sein.

Nur an den Wochenenden durften wir uns ein wenig amüsieren, denn immer montags um 5:00 Uhr ging es raus zur Jagd auf Minen im stark verminten Skagerrak. Einziger Vorteil zum einstigen Kriegseinsatz: keine Luftangriffe. In der Tat hatten wir Signäler, aber auch unsere Feuerwerker und einige Seeleute, viel zu tun, wie zum Beispiel beim Kapern der Minen. Nur das täglich ändernde Führungsboot war in Gefahr durch ein eventuelles Auffahren auf eine Treibmine, das aber selten vorkam und immer glimpflich abging. Bei uns wenigstens.

Bei normalem Seegang wurde abends geankert, doch bei der Windstärke 9 / 10 - da peitschten die Wellen stark übers Signaldeck und man musste sich in der Nock schon mit Kraft festhalten - fuhren wir in den schönen Fleckefjord, bis zum Ende, zum Ankern ein. Unsere beiden Ferngläser - 10 Farben konnte man einstellen, bei einer Reichweite von rund. 6 km - waren ganz ideal für die Strandbeobachtung.
Bei Tag konnten wir die Nacktbader im dortigen Strandbad hautnah erleben. Schlange standen die Seeleute meist schon morgens (auch vor einem eventuellen Auslaufen) auf Deck, um zu beobachten wie ein Fischer immer zur gleichen Zeit seine Frau verabschiedete.

Blickpunkt war natürlich seine nackte Frau „die schöne Fischerin" mit einer wunderbaren Figur ... man gönnte sich ja sonst nichts!

Ganz ohne Sex ging es auch im Stützpunkt nicht, denn es haben sich genug norwegische Madams „am Zaun" angeboten. Darauf hatte ich absolut keinen Appetit. Ein Bordkamerad hat sich allerdings angesteckt und ab ging es eine Woche lang ins G-Zelt.

Noch etwas Lustiges zur Sommerzeit. Im Stützpunkt hatten wir einen richtigen Schaumschläger, der sich immer am Rande des Meerfreibades auf dem 3m-Sprungturm ganz besonders hervortat. Wieder einmal war ein solcher Auftritt, den wir mit großer Spannung verfolgten. Warum? Weil wir vor diesem Schauspiel sehr viele Blutquallen sammelten und im Wasser unterm Sprungbrett verteilten. Es war schrecklich anzusehen, wie dieser feine Max nach seinem Sprung auftauchte und wie wild um sich schlug. Es versteht sich, mit sehr, sehr lauten Hilferufen. Wir holten ihn schnell an Land, denn sein Körper war schon dunkelrot durchwachsen und lieferten ihn schnellstens in der Krankenabteilung ab.

Auch dieses Jahr in Gefangenschaft ging zu Ende. Ende November ging es ab nach Cuxhaven ins Gefangenenlager.

Diese vier Wochen hatten es aber in sich mit schwerer Waldarbeit bei eisiger Kälte. Im wahrsten Sinne des Wortes bei „Wasser und Brot ... meist noch verschimmelt und nicht beheizter Buden"! Zur jeweiligen Hin- und Rückfahrt wurden wir wie Viecher in einen Lastwagen gepfercht. Kein Wunder, dass einige Kameraden schlappmachten und zusammenklappten. Zwei mussten dies sogar mit dem Tode bezahlen ... wohlgemerkt in Deutschland!

Am 20. Dezember 1946 endlich die Entlassung. Ein herrliches Gefühl: Die Freiheit!

Mit dem Schiff ging es die Elbe abwärts nach Hamburg. Es hat sich auf dem Boot herumgesprochen, dass die berühmte Schauspielerin Zara Leander an Bord ist. Sie saß sogar neben mir. Nicht auffällig, sehr bescheiden, auch sehr nett im Gespräch.

Bei der Bahnfahrt nach Stuttgart musste ich vier Nachtaufenthalte verkraften und kam so am 24. Dezember gegen Abend in Stuttgart an. Noch auf dem Hauptbahnhof traf ich meinen ehemaligen Kollegen Schneider. Er erzählte mir ganz kurz, dass seine zwei Söhne vergast wurden und er mit seiner Frau nach Amerika, mit einer sehr guten Abfindung in der Tasche, auswandern würde. Bei der Fahrt mit der Straßenbahn - noch mit den Linien 25/26 wie früher ... ab der Haltestelle Schloßgarten (Schillerstraße) - fielen mir wohl die „Trümmer des Bombenkrieges" auf, doch ich sah auch, wie man die Aufräumungen und auch den provisorischen Wiederaufbau zügig vorangetrieben hat.

Zu Hause läutete ich bei schummrigem Treppenhauslicht an der mir bekannten Glastüre. Mir wurde aufgemacht. Ich fragte ganz erschrocken: „Wohnt denn die Familie Waizenegger nicht mehr hier?" Mein Bruderherz Bernhard lachte und bat mich, doch herein zu kommen. Das Eis war gebrochen.

Fazit: Bernhard wurde um einiges größer in den vergangenen 3 Jahren, so dass ich ihn nicht wiedererkannte. Es wurde ein schönes gemeinsames Weihnachtsfest und ein bescheidener Jahresanfang 1947. Bruderherz Heiner kam Mitte Januar ebenfalls aus französischer Gefangenschaft, gesundheitlich sehr angeschlagen durch Hunger und Durst bei schwerer Arbeit, zurück.

Dann begann der Alltagstrott, ich suchte übers Arbeitsamt (nur das ging damals) Arbeit und wurde ab dem 1. April 1947 bei der Buchhaltungsorganisation Fritz Schaber in Ostheim fündig. Zwischenzeitlich baute ich mir auch meinen alten Freundeskreis auf, besuchte die Volkshochschule und trat dem 1. Stuttgarter Fußballverein 1896 Stuttgart e.V. bei.

Dort spielte ich mehr schlecht als recht, denn ich hatte zu dieser

Zeit meine neue Freundin Anni aus Untertürkheim im Kopf, die ich bei einem Abschlußball in der dortigen Sängerhalle (war damals der große Renner) kennenlernte.

Doch schon vorher hatte ich kleine, kurze Intermezzos mit Mädchen aus der Siedlung, das aber nie lange anhielt. Ich schwirrte zu viel, neben dem Tanzvergnügen, in der Gegend herum. Zwischendurch „Tanzschule Beurenmeister am Marienplatz" mit der Schulkameradin meiner Schwester: Marianne F.

Bei unserem Abschlussball lernte ich eine sehr hübsche, rassige junge Dame, Tochter eines Heiratsvermittlungs-Ehepaares, kennen, die mich in ihr Haus eingeladen und der Familie vorgestellt hat. Der Mutter war mein Name irgendwie erinnerlich: „Ich hatte mal eine ältere Kundin namens Luise, die einen Mann gesucht hat". Auf meine Antwort: „Das ist meine Oma gewesen", bat sie mich inständig um Verschwiegenheit.

Dann ging es erstmals zur Arbeit in die Wunnensteinstraße 5. Ich wurde am Lager, im Versand und in der Buchhaltung, zuerst ein Jahr als Volontär, eingearbeitet und später auch im Außendienst eingesetzt.

Das etwas längere Verhältnis zu dieser Zeit mit Anni wurde kurz und schmerzlos beendet, das heißt, ich bekam von ihr einen satten Korb! Die Erklärung: „Wir passen nicht zusammen." Ich habe es verkraftet!

Noch so zwischendurch erwähnenswert für die Zeit um das Jahr 1947: Die Zwillinge der Familie Müller aus der Nachbarschaft trugen schöne, einreihige Jacketts, das damals doch sehr ungewöhnlich war. Ich war neugierig und fragte bei den beiden Kumpels nach.

Die Antworten waren ganz einfach: „Unsere Mutter hat uns diese Jacken aus Leinentücher selbst geschneidert."

Natürlich erzählte ich diese Begebenheit unserer lieben Mutti, die darüber, da sie ja selbst gut schneidern konnte, begeistert war.

Kurz entschlossen holte sie sich 2 Gutscheine für ein Paar Leinentücher auf dem Bezugsscheinamt ab und schneiderte uns Dreien daraus schöne Leinenjacken, auf die wir ganz stolz waren.

Meine erste Außendienstarbeit war bei der Firma Knagge & Peitz, nach dem Umzug in die Königstraße. Ich trabte sicher 5 Mal, vor lauter Lampenfieber, um den Gebäudekomplex herum, ehe ich mich hineinwagte. Drinnen war es noch schlimmer, denn die Buchhaltungsabteilung war in einem kleinen Saal mit gut 20 jungen Frauen besetzt, die mich alle ganz neugierig betrachteten und mir auch teilweise zustimmend zugeschmunzelt haben. Der Chef im kleinen Nebenzimmer daneben begrüßte mich aufmunternd und verwies mich an die 1. Buchhalterin ganz vorne im Saal.

Gott sei Dank, es hat geklappt und ich konnte das System Schaber der doppelten Buchführung in einem Zug (neu ausgearbeitet: „Kontokorrent auf Sachkonto und Journal") recht gut erklären.

Anmerkung: Bei Knagge & Peitz, noch in der Uhlandstraße, in der Nähe des Alten Schauspielhauses, wurde mir, bei einer Anlieferung der bestellten Formulare, ein Anzug - ohne Bezugschein - anstelle des Altpapiers geschenkt.

Dieser Anzug war 1949 mein Hochzeitsanzug.

Der Damm im Betrieb war gebrochen, sodass ich öfters ran musste, meist auch als Assistent meines älteren Kollegen, Dipl. Kaufmann. Mayer.

Eines Tages erhielt ich den Auftrag das System Schaber (stand bis 1953 unter Patentsicherung) bei einer Rottweiler Firma in der französischen Zone zu erklären und einzuführen. Per Eisenbahn machte ich mich, mit Passierschein, auf den Weg und erledigte relativ schnell die mir aufgetragene Arbeit. So konnte ich meine „kleine

Braut" Elli aufsuchen. Sie arbeitete als Bedienung in einem kleinen Lokal in der Nähe vom Schwarzen Tor. Meinem Vorschlag, uns nach Dienstschluss zu treffen, konnte Elli nicht folgen. Leider müsse sie an diesem Abend zu einer Festveranstaltung des FV 08 Rottweil gehen, da habe sie fest zugesagt. Meine Erwiderung war: „Da könnte ich doch mitgehen als aktiver, derzeitiger Sportler." Die Antwort war kurz und bündig: „Nein, das geht nicht." Darauf reagierte ich sehr sauer: „Gut, dann ist Schluss für immer" und verschwand ohne Gruß.

Es war damals fast unmöglich ein Hotelzimmer für nur eine Nacht zu finden, sodass ich in einem Obdachlosenheim Unterschlupf fand. Ich war dort aber gar nicht willkommen und wurde verspottet, sowie verhöhnt wie: „Was will denn der feine Pinkel hier?" Ohne zu schlafen, verschwand ich sehr früh, so um 4 Uhr und fuhr mit der ersten Bahn, sehr enttäuscht, nach Stuttgart zurück. Noch einmal besuchte ich Elli wesentlich später, ihrer Einladung folgend, in Rottweil Zimmern bei ihren Eltern, aber es wurde nichts mehr ... zumal ich ja schon anderweitig liiert war.

War es die Nachkriegszeit, wollte man den vergangenen Kriegsereignissen entrinnen. Ich weiß es nicht, doch die meisten meiner Jahrgänge (1922 bis 1927/28) wollten sicher etwas erleben und vielleicht im Unterbewusstsein einiges nachholen. Das bescheidene Leben, wohlgemerkt mit den Lebensmittelmarken, ging aber weiter.

Sehr oft ging ich nach Feierabend, vor dem gemeinsamen Essen zu Hause, in ein Ostheimer- oder Stöckacher Lokal um ein angebotenes Stammessen -gegen 5 Gramm Fett und 200 Gramm Kartoffeln - zu vertilgen. Auch machte ich mir ab und zu, wenn gerade niemand zu Hause war, Pfannkuchen aus Milchpulver, Salz und Wasser. Im Nachhinein muss noch gesagt sein, dass auch die Kleidung sehr bescheiden war. Nach der Entlassung aus der Kriegsgefangenschaft erhielt ich vom Bezugsscheinamt lediglich 1 Oberhemd, 2 Unterhosen, 2 Unterhemden und 2 Paar Socken. Ich sollte meine Marinekleidung auftragen! Einen überschweren Wintermantel erhielt ich von meinem Vater und die Schuhe tauschten wir innerhalb der Familie untereinander aus.

Einmal wollten wir alle, Vater, Heiner, Bernhard und ich, zu verschiedenen Festlichkeiten gehen. Ich stand als Letzter ohne Schuhe da. Was tun?

Die große Oma in der Hackstraße musste helfen. Von ihr bekam ich ein Paar Damenschuhe mit etwas höheren, schmäleren Absätzen, die ich dann mit Hammer und Meißel gekürzt habe. Sehr zum Gespött in der Untertürkheimer Sängerhalle beim Tanzvergnügen.

„Rudi, auf den Tisch, das wollen wir sehen", hieß es zur Erheiterung.

Nicht zu vergessen: Während den frostigen Wintertagen der Nachkriegszeit saß ich im Büro, vermummt mit meinem dicken Wintermantel, am Schreibtisch, denn wir konnten nur mit Papier, sehr sparsam, heizen. Dieses Papier erhielten wir (als „muss") für gelieferte Waren.

Aufregung bei der Familie: Ein amtliches Anschreiben Mitte Juli 1947 vom Stuttgarter Familiengericht! Meine Mutter öffnete es bereits, denn ich war ja noch nicht volljährig (21). Erschreckend berichtete sie, dass „Papa und Bubi" bei Gericht erscheinen müssen. Wir beide rückten etwas verspätet dort an und warteten, warteten, warteten, 4 Stunden, bis alle Fälle im vollbesetzten Gerichtssaal abgehandelt wurden.

Ich fragte dann wohl oder übel beim Richter nach und der erwiderte, dass wir zuallererst, mit dem leichtesten Fall, aufgerufen wurden. Nun, meinte er, jetzt bekommen sie eben ein Versäumnisurteil. Das Urteil lautete: 30 RM monatlich für Heinz-Dieter P.

Wir rutschen ins bedeutsame Jahr 1948 hinein. Meine Kumpels machten sich mit mir nach einem Fußballspiel der 96er, von der Waldebene Ost durch die zahlreichen Gärten gen Obertürkheim zum Lokal „Alte Mühle" auf den Weg. Wie es halt so ist, wurde dort lautstark diskutiert und auch zwischendurch zwei junge Damen am Nebentisch sehr frivol attackiert. So nebenbei tanzte man auch etwas. Dabei beobachtete ich, wie ein junges „Bleichgesicht" aus der anderen Ecke des Lokals immer ein Mädel der beiden von nebenan ansteuerte, um sie zum Tanz aufzufordern. Dies habe ich ihm, schon etwas gehässig, jeweils gründlich versalzen, denn wenn er kurz vor seiner Auserwählten ankam, kam ich ihm zuvor und bat diese junge Dame kurz zum Tanz auf. So verging der Abend und ich musste, nach einem ungeschriebenen Gesetz, meine letzte Tanzpartnerin nach Hause begleiten. Doch wie?

Ich wohnte in Gaisburg und sie in Botnang. Mein Geld reichte nur für einen Teilabschnitt mit der Straßenbahn. Aus diesem Grund stieg ich einfach am Stöckach aus und ließ meine Angebetete allein nach Hause fahren. Das nahm sie mir sehr, sehr übel. Zuvor erzählte ich ihr noch, dass ich vom Verein ein Paar „Böller" (Fußballstiefel) ohne Bezugschein bekommen habe. Darauf schaute sie mich ganz ungläubig an und glaubte, dass ich nicht mehr „alle Tassen im Schrank habe" Dies sagte sie mir alles viel später.

Nun, wir trafen uns trotzdem öfters, gingen spazieren oder kehrten in ein nettes Lokal ein. So auch mal ins Tanzlokal „Geißeiche".

Schon beim Eintrittsgeld von 10 RM, ich hatte ja nur 12 RM in der Tasche, erschrak ich. Wir tanzten und ich bestellte in der ersten Pause ein Viertele Weißwein. Sie schaute mich wohl ganz verdutzt an, doch ich meinte ganz cool: „Du kannst ja, wenn du willst, einen Schluck aus meinem Glas trinken!" Zu meiner Ehrenrettung, ich hatte halt nur noch 2 RM in der Tasche und das Viertele kostete genau diesen Betrag.

Wiederum beim nächsten Treff kam ich, ungewollt, in Misskredit. Wir verabredeten uns an der SSB-Haltestelle Schlossplatz. Gleich wurde ich mit: „Von dir hört man ja so allerhand Sachen" begrüßt. Darauf meine spontane Antwort: „Warum? Hast Du erfahren, dass ich ein uneheliches Kind habe?" Sie, ebenso spontan: „Um Gotteswillen ... auch das noch!" Eigentlich hatte sie, um viele Ecken herum, irrtümlich erfahren, dass ich in der Siedlung ein „Lustmolch" sei. (Dies erfuhr ich später). Gehört und weg war sie!

3 Monate war Funkstille. Zwischenzeitlich habe ich mich aber mit einer Freundin aus dem Stuttgarter Westen getröstet, die nach einigen Treffs wieder zu ihrem alten Freund, einem Juden, zurückfand. Es kam alsdann der Anruf von Marianne „Hältst du dein Wort und gehst mit mir zur Hochzeit meiner Freundin nach Rommelshausen?" Meine Antwort war kurz und bündig: „Ja."
Wir waren dabei und bedankten uns höflich für die Einladung.

Doch es gab wiederum Stuss, denn mir waren Bratwürste mit Kartoffelsalat (ohne Marken) lieber als zu tanzen. Ich war allerdings der festen Überzeugung, dass das warme Essen zur Einladung gehörte. Trugschluss. Nur die Gäste am Hochzeitstisch hatten diesen Vorteil. Für uns gab es nur Kaffee und Hefezopf umsonst. Das Fiasko bahnte sich an: Die Bezahlung!

Ich hatte kein Geld in der Tasche! Marianne läutete sehr, sehr verärgert, lange nach Mitternacht, bei einer Tante im Dorf an der Türe und bat um das nötige Kleingeld! Natürlich hörte sie dabei unter vielem anderen auch „du hättest uns ja vorher deinen Bräutigam vorstellen können!" So ging es im Rhythmus weiter.

Bei der Heimfahrt verpassten wir beim Umsteigen die richtige Straßenbahn, das heißt: In Zuffenhausen war für uns daraufhin Endstation. Es blieb uns nichts anderes übrig, als zu Fuß nach Botnang zu pilgern.

Im Betrieb durfte ich gnädiger Weise in der Mittagspause mit dem Betriebsfahrrad, wohl gemerkt mit Kardanantrieb, zum Essen nach Hause fahren. Einmal stürzte ich bei Glatteis und zog mir kleinere Schürfungen zu. Mein hochverehrter Chef mit Frau fragten nicht nach meinem Wohlergehen, sondern das arme Fahrrad wurde bejammert. Gott sei Dank ist diesem nichts passiert.

Kurze Anmerkung zur Vorgeschichte: Warum seinerzeit immer die gähnende Leere in meinem Geldbeutel? Ganz einfach: Ich musste daheim so gut wie alles abgeben, so auch mein übrig gebliebenes Erspartes während der Millitärzeit und Gefangenschaft. Nur ein kleines Taschengeld auf Wunsch lag für mich drin.

1948 kam der vorprogrammierte, tiefe Einschnitt in unser Leben: Die Währungsreform!
Genau am 21.Juni wurde in den drei westlichen Besatzungszonen Deutschlands die Deutsche Mark eingeführt. Jeder Einwohner erhielt 40 DM Kopfgeld. Die Sparguthaben wurden stark abgewertet!

Kleines Beispiel: Das Sparbuchguthaben von Marianne wurde von RM 982 auf DM 442 = - 55% reduziert.

Plötzlich konnte man alles frei im Überfluss kaufen ... doch alles stark überteuert, so dass ich / wir und der größte Teil der Stadtbevölkerung davon keinen Gebrauch machen konnten. Allgemein lebte man bis Anfang der Fünfziger mit den Lebensmittelmarken weiter.
Marianne arbeitete zu dieser Zeit bei der Firma Papie-Czech in der Charlottenstraße. Dort holte ich sie ab und zu abends ab und danach leisteten wir uns gelegentlich eine kleine amerikanische 50 g-Tafel Schokolade für 5 DM.

Apropos Abholung. Meistens kam ich von der Volkshochschule und schon wurde im Kolleginnenkreis gespottet mit: „Draußen steht dein Schulbub und wartet mit großer Geduld auf dich."

Die Zeit verging und ich war überwiegend an den Wochenenden Stammgast bei den Stollsteimers in Botnang.

Meist musste ich mich am späten Abend zu Fuß auf den Weg nach Gaisburg machen. Die Straßenbahn fuhr eben schon um 22:30 Uhr zum letzten Mal nach Stuttgart. Öfters schlief ich auch bei Marianne in ihrem kleinen Zimmer.

Der Hausbesitzerin mit Tochter, konnten wir so manchmal ein Schnippchen schlagen. Nett war, dass auch Oma Emma immer aufpasste, dass nichts „Unmoralisches" passierte.

Marianne kam im „Gegenangriff" auf die gute Idee, für mich den „übergroßen Bären" (aus der Ecke) auf dem Sofa unter die Decke zu zaubern. Es hat geklappt und Oma war nach ihren nächtlichen Kontrollgängen zufrieden.

Am Fasching 1949 feierten wir, Marianne und ich, später kam mein Bruderherz Bernhard mit Freundin Rosel dazu, im Luginsland! Es war sehr lustig und fidel bei guter Musik und bester Stimmung, bis am späten Abend eine junge Dame am Nebentisch sich über den Tisch übergeben musste. Beim Mostgestank ging es wohl weiter, doch die Stimmung war futsch! Warum Mostgestank?

Nun, alle gebotenen Getränke waren ganz einfach zu teuer. Vom Wirt wurde genehmigt, eine oder mehrere Flaschen gegen Flaschenzoll von 1 DM von zu Hause mit zu bringen. Natürlich tranken alle Most ... auch wir. Sehr lustig war der Heimweg, die ganze Gesellschaft sprang über die Gartenzäune, hüpften in den am Wege liegenden Gärten herum und sangen „Häschen in der Grube". Im Stuttgarter Hauptbahnhof fiel Marianne mit mir gemeinsam die Treppen zum Ausgang hinunter – Gott sei's gedankt ohne Verletzungen. Die Heimfahrt nach Botnang im Taxi verbrachten wir geruhsamer, eher schlafend.

Unsere Hochzeit wurde geplant, doch große Sprünge konnten wir nicht machen. Sogar unsere Eheringe mussten wir, neben dem

Preis, mit dem Gegenwert „Gold" ausgleichen.

Schweren Herzens übergab Schwiegermutter Emma uns den Ehering ihres verstorbenen Mannes.

Marianne wollte unbedingt im weißen Brautkleid in der Kirche und ich als Nichtkirchengänger nur standesamtlich getraut werden. Letztendlich habe ich mich durchgesetzt und die Trauung konnte am 14 April 1949 stattfinden. Auf dem Weg zum Standesamt wollte ich partout die Blumen nicht tragen, das wäre eines Mannes unwürdig.

Mein Herr Vater erbarmte sich meiner, sodass Marianne vor dem Standesamt den Strauß in Empfang nehmen konnte.

Die Trauung war sehr feierlich, Bezirksvorsteher Lämmle gab sich große Mühe, auch hatte er den Raum im provisorischen Rathaus sehr schön ausgestattet. Danach ging es zum Fotografen. Dieser war in seinen Privaträumen auch sehr bemüht. Er stellte uns auf einen Läufer, davor und dahinter Parkettboden und im Hintergrund ein schönes Landschaftsbild. Dies wurde in schwarz / weiß für die Ewigkeit geprägt. Gefeiert wurde in unserer kleinen Wohnung bei Oma/Schwiegermutter Emma. Meine Eltern und Geschwister, Emma mit den Schwestern von Marianne, Erne und Hannelore, eine Freundin von Marianne und meine engeren Freunde Eugen Scholl und Werner Strohecker haben der Einladung Folge geleistet. Es war trotz alledem sehr lustig in den engen Räumen, zumal Freund Eugen 5 Flaschen Wein zum Fest spendiert hat. Er bekam diese unter der Hand zum Preis von je 5 DM. Das war damals sehr teuer. In der Folge (und schon vorher) sind wir mit Eugen Scholl und Freundin Friedel, auch mit Werner Strohecker und dessen Freundin Elfriede viel in der Umgebung gewandert und auch in verschiedenen Garten- und Besenwirtschaften oder Gaststätten zum geselligen Beisammensein eingekehrt.

Schön war diese ungezwungene Zeit!

Eugen konnte wegen einer unerklärlichen Krankheit nicht mehr Fußball spielen. Auch bei mir war die Begeisterung nicht mehr allzu groß. Meist spielte ich in der zweiten Mannschaft, fast ohne Training, doch es kam ohne mein Zutun anders. Ich wurde für die erste Mannschaft aufgestellt und man war generell begeistert über den „neuen, linken Traumflügel". Werner Liebermann, der auf mein Zuspiel seine Tore machte, als Halblinker und ich als Linksaußen. Dies kam mir später in Botnang zugute. Wir spielten im Himmerreich gegen den ASV Botnang. Ich spielte recht gut und habe meinem Gegenspieler Erwin Graner kaum eine Chance gelassen.

Meine liebe Frau reklamierte immer und immer wieder den weiten Weg zum 96er-Platz auf Gaisburgs Höhen. Per Straßenbahn, mit zweimaligem Umsteigen und dann eine halbe Stunde Fußmarsch durch den Wald zum Sportgelände. „Wenn schon Fußball, dann spiele wenigstens in Botnang", meinte sie. Dies leuchtete mir ein und so meldete ich mich nach dem ersten Hallentraining bei dem ASV Botnang an.

Da ich zur Winterzeit 3 Monate nicht spielte, wurde ich gleich für die 1. Mannschaft nominiert. Wie bereits erwähnt, haben mich einige ASV-Größen beim Spiel ASV gegen 96er gesehen und für gut befunden. Es kam leider anders. Marianne erklärte am Sonntagvormittag, also am Spieltag, dass sie Wehen bekommt und schnellstens ins Krankenhaus muss. Was tun?

Ich war sauer und bat verärgert um eine Wartezeit zum nächsten Tag. „Unmöglich" schrien Emma, als auch Marianne. Oma erklärte: „Dann fahre ich halt mit zur Klinik, damit basta!" Das wollte ich nun doch nicht, aber wie nun beim Verein absagen? Ich getraute mich nicht. Klein-Hannelore musste helfen und meine Absage dem Vereinsvorsitzenden Eugen Winkler in der Nachbarschaft zu übermitteln. Für mich spielte dann der Juniorenspieler Manfred „Mandes" Frick … und so prima, dass ich für die erste Elf zukünftig abgemeldet war … nicht weiter schlimm, denn uns wurde die frohe Botschaft „die Geburt Giselas im Charlottenhaus am Montagabend, dem 9. Januar 1950" durch Frau Schumann „vom Lädle unten" übermittelt. Wir hatten ja noch kein Telefon. Wie „fast" immer bei solchen Anrufen, ich saß auf der Toilette. Sehr zu meinem Leidwesen musste Oma Emma das Gespräch annehmen.

Nochmals zwischendurch zurück zum Fußball. Ich spielte alsdann in der zweiten Elf (von vier Mannschaften) solange, bis die Trennung ASV / SKG beschlossen wurde. Bei der Beschlussfassung war ich, eben sehr neugierig, im Gasthof Schwanen dabei. Es sah so aus, dass ich wohl der einzige Spieler war. Warum? Das ist mir bis heute noch nicht klar.
Unter den „alten Haudegen" gab es einen sehr heftigen Streit und es kam auch zu Handgreiflichkeiten. Trotzdem am Ende: Der >Beschluss zur Trennung<!

Zu Hause erzählte ich dies meiner angetrauten besseren Hälfte und kam zu ihrer Überzeugung, nicht mehr bei diesen Vereinen - ASV oder SKG - zu spielen. Auch gefiel mir nicht die sogenannte „Vetternwirtschaft". Ich war halt für Botnang ein Ausländer. 4 Jahre spielte ich wieder bei den 96zigern und wollte danach ganz aufhören. Fortsetzung später.

Weiter: In der Klinik besuchte ich Marianne täglich. Den Weg Wunnensteinstraße / Charlottenhaus absolvierte ich zu Fuß. Dabei entdeckte ich bei einer Bäckerei den Aushang:
„Törtchen ohne Marken zum erschwinglichen Preis!"
Den Kauf ließ ich mir nicht entgehen und überbrachte die Süßigkeiten der jungen Mutti ans Krankenbett. Das war meist zu viel des Guten und ich musste leider dieselben selbst aufessen.
Marianne war dies natürlich sehr peinlich und brachte - zum Schutz vor mir - alle essbaren Geschenke bei der Bettnachbarin in deren Nachtschränkchen unter.

Gisela wurde älter, immer lebhafter und nicht immer mit unseren „Befehlen" einverstanden. Das merkten wir beim „Kopf nach hinten werfen" ... wie noch in neuerer Zeit.

* * *

Anfang 1953 kam ich mit der Hiobsbotschaft nach Hause, dass mein Herr Chef TBC hat (er war ja schon des Öfteren deswegen in Kur). Bei den Sitzungen hat er mich beim Husten mehrmals über den Tisch angespuckt. Obwohl mir die Arbeit gut gefallen hat, musste ich auf Anraten meiner Gattin schleunigst einen neuen Arbeitgeber suchen und wurde bei der Stuttgarter Brauerei Rob. Leicht AG in Vaihingen - für die Kostenrechnung - fündig.

Eigentlich wollte ich ja in der Textilbranche unterkommen, aber da war zu dieser Zeit fast nichts zu machen. Ich sage fast, denn bei einer Firma in Bad Cannstatt bewarb ich mich ebenfalls. Schon im Aufzug zum 4. Stock wurden mir über einen Lautsprecher (schon sehr modern) Fragen gestellt, die ich nachher zufriedenstellend beantworten konnte. Bedingung war allerdings, dass ich sofort anfangen müsste. Dem konnte ich leider nicht zustimmen, denn mein Chef, Fritz Schaber, nahm meine Kündigung gezwungenermaßen erst auf Ende Juni an.

Genau so erging es mir auch beim Schwaben-Verlag. (Halbhöhenlage, mit herrlichem Blick auf Stuttgart aus dem mir zugedachten Büro). Das war wirklich sehr schade.

* * *

Nach dem Durchlauf beim Versand ging es nicht gut weiter.

Laufend hat mich mein Hauptsachbearbeiter in der Buchhaltung beim Abteilungsleiter Paul Groß verpfiffen, weil ich die von ihm handgeschriebenen Zahlen im Debitorenjournal nicht immer gut lesen konnte und deshalb manchen Fehler fabriziert habe. Heute nennt man dies ganz einfach: Mobbing!

Es kam zum Eklat. Ich beschwerte mich beim damaligen Vorstandsassistenten Dr. Werner Hiller, der bei meiner Einstellung dabei war und für mich gestimmt hat. Dieser war natürlich auf meiner Seite. Ich wurde daraufhin als Springer über ein Jahr in allen Abteilungen eingesetzt, das für später von großem Vorteil war, aber auch mit einem Nachteil. Wenn nur eine schlechte Beurteilung von den Abteilungsleitern auf den Tisch gekommen wäre, die Trennung hätte wohl stattgefunden.

Vorsorglich hatte ich schon eine andere Stelle, allerdings mit einem etwas geringeren Gehalt bei einer Bank, parat.

Nur deshalb hielt ich durch und es ging gut. In der Abteilung Statistik wurde ich fest verankert. Es fing sehr klein an mit den Tuscheeinträgen in die Kundenkarten und deren Ablage, sortieren der Belege von Versand und Buchhaltung. Es ärgerte mich besonders, dass mir die älteren Damen und die jüngere Kollegin mir die Arbeit vorgeschrieben haben und der Abteilungsleiter dies gewähren ließ.

Bald kam es anders, da der frühere Statistikchef Heinz Seibert, auch durch Fachbücher sehr bekannt, wieder das Zepter übernahm. Dies lief identisch mit dem Ausscheiden seiner Frau. Herr Seibert war über mehrere Jahre als ehemaliger Nationalsozialist und Freund von Reichstatthalter Murr im Lager Ludwigsburg eingesperrt und wurde 1954 entlassen. Kurz vorher wurde er noch mit einem Arbeitstrupp des Lagers vor dem Verwaltungseingang, Hauptstraße 26, eingesetzt, um die Pflastersteine der Straße zu erneuern.

Für mich ging es dadurch aufwärts mit Arbeiten die mir Spaß und Freude machten, wie zum Beispiel graphische Darstellungen, Vorausplanungen, Vergleichsrechnungen in manueller Korrelation und Personalentwicklung - damals leider noch ohne Computer. Auch durfte ich neu eingestellte Kolleginnen und Kollegen durch den Betrieb führen. Es verstand sich, dass diese Führungen stets im

Turmzimmer des Flaschenkellers bei einer zünftigen Vesper zur reichlichen Bierprobe endeten.

Eines Tages fragte mich unser Abteilungsleiter, ob ich mir zutraue Abteilungsausflüge zu organisieren. Dem stimmte ich mit Überzeugung zu.

Gesagt, getan. Die von mir organisierten Reisen haben immer sehr gut geklappt. Sympathie erreichte ich jeweils auch dadurch, dass ich entsprechende Berichte in Gedichtsform über alle Ausflüge gemacht habe und diese zusätzlich mit handgezeichneten Bildern (Karikaturen), versah.

Zu dieser Zeit waren auch unsere „Spritzen" gefragt. Die Angestellten wurden in 8 Gruppen eingeteilt um jeweils einen Gastronomiekunden innerhalb einer Woche, später alle 14 Tage, dann alle 3 – und kurz vor Ende, anfangs der Sechziger Jahre, alle 4 Wochen, in der näheren Umgebung zu besuchen. Mein Gruppenführer war anfangs unser Buchhaltungschef Paul Groß und später Otto Hofmann, Chef der Debitorenabteilung. Immer war es Pflicht bis 20 Uhr, doch meist wurde wesentlich länger getagt. Essen, Getränke und Sonstiges (zum Beispiel Zigarren und Zigaretten) waren ja frei. Bei den vorher informierten Gaststätten wurden die Stammtischler jeweils entsprechend in Kenntnis gesetzt, so dass die Tische immer proppenvoll besetzt waren. Es gab ja schließlich jede Menge Freibier!

Einmal waren wir in der „Vaihinger Harmonie" zu Gast.

Anfangs ging es noch ganz manierlich bei Speis und Trank zu. Doch dann kam es, nach reichlichem Biergenuss, ganz dick!

Unser „Spritzenkamerad" H.E. leistete sich im Überschwang der guten Laune einen nicht üblichen Scherz. Bei einem kurzen „Wegmüssen" der einzelnen Kollegen, schüttete er unbeobachtet „kleine Kurze" ins Bier, so dass die Auswirkungen nicht zu übersehen waren. Sehr zum Leidwesen des Wirts. Auch bei mir. Erstmal fiel ich, nach dem Abschied, die Ausgangstreppen hinunter und direkt vor ein Auto auf der Straße. Dann wankte ich, morgens um 4 Uhr, Richtung Straßenbahnhaltestelle. Gerade noch erreichte ich die schon überfüllte erste Bahn. Wie es weiterging und was mich daheim erwartete, das wissen nur die Götter ... H O W K !

Jedenfalls musste ich pünktlich um 7 Uhr bei der Arbeit sein. Wie ich dies geschafft habe, ist mir noch bis heute ein Rätsel.

Ein anderes Mal standen zwei Mopeds, NSU-Quickly, auf dem Parkplatz in Möhringen. Zur vorgerückter Stunde kamen einige Kollegen auf die fixe Idee Bier in die Tanks zu füllen.

Rädelsführer waren so nebenbei die Kollegen Adolf Keller und Günther Starz. Doch in welchen Tank? Das war die Frage. Es wurden eben dann beide nachgefüllt! Der Schreck folgte auf dem Fuße. Ich kam wohlbehalten zu Hause an. Mein zweirädriger Untersatz fuhr fast ruhiger und schneller als üblicherweise, denn bei mir musste man halt weniger Bier, da ich zuvor getankt habe, einfüllen.

Den anderen Gast erwischte es wesentlich schlimmer. Er fuhr angeblich nur einige Meter, dann streikte seine NSU und er musste sein geliebtes Fahrzeug leider nach Vaihingen schieben. Es traf zum Leidwesen einen beinamputierten Beamten im Vaihinger Rathaus. Der Aufruhr in der Versandabteilung, nach dessen Reklamation am nächsten Tag, war gewaltig, doch der Versandchef Andreas   Beisswanger klärte die Situation und zwar mit einem sehr großzügigen Biergutschein.

Apropos Rückblick!

An meinem allerersten Brauereiarbeitstag im Versand wurde ich zur Bieraufnahme in den Fasskeller zu Kollege Schorsch Hein verdonnert. Bereits nach der Mittagspause meldete ich mich beim Versandchef mit der Frage: „Muss ich noch in den Keller?" Daraufhin ging ein sehr heiliges, lautstarkes Donnerwetter auf mich hernieder. Es wurde in der Abteilung sehr, sehr still. „Was glaubt denn dieser hergelaufene Rotzlöffel, dieser Lausbub ... was glaubt denn der, was er ist"? Ich musste seinerzeit über 10 Jahre im Keller arbeiten, ehe ein weiterer Angestellter für entsprechende Arbeiten bei der Verwaltung angestellt wurde." Dies musste ich abschließend noch hören.

Schockiert und eingeschüchtert begab ich mich in den Keller, ganze 4 Wochen lang!

Dann ging es - wie schon berichtet - in die Buchhaltung und letztendlich zur Abteilung Statistik.

* * *

Kleine Episoden:

Immer wieder musste ich, noch unter der Regie vom schon erwähnten Abteilungsleiter, den seine liebe Frau täglich zur Firma begleiten durfte - in der im gleichen Raum befindlichen Rechnungsabteilung aushelfen, das dann später von Nachfolger Seibert abgeschafft wurde. Man bedenke, dass durch die beiden älteren und gesundheitlich angeschlagenen Kollegen Karl L., dieser war mit 50jähriger Betriebszugehörigkeit verantwortlich, und Karl B., der vom Krieg her beinamputiert war und jeden Tag mit dem Handwagen in den Betrieb gebracht werden musste. Diese manuellen Arbeiten der Rechnungsstellungen, verbunden mit den Nebenarbeiten, mussten eben bewältigt werden. Es waren zwei altgediente Mitarbeiter, die auch gehaltlich entsprechend verdient haben. Durch Zufall sah ich L´s. Gehaltsabrechnung: 3 x so viel wie ich! Da war noch eine gute soziale Einstellung im Betrieb vorhanden!

Die Abteilung wurde bald aufgelöst bzw. bei der Buchhaltung integriert.

Der Machtkampf bei der Statistik ging weiter. Ich wurde zum Gruppenleiter befördert (Gruppe 2: Rudi Waizenegger). Das wiederum passte einer älteren, gehässigen Kollegin nicht und sie erhob Einspruch ... ohne Erfolg!

Die größere Sympathie vom Chef Seibert lag halt - wie schon anderweitig erwähnt - bei mir.

Boss Seibert erwähnte mehrmals: „Statistik wird es immer geben", sodass ich etwas für meine Weiterbildung tun muss. Vom Unternehmen wurde ich bei der Stuttgarter Wirtschaftsakademie, in Betriebswirtschaft mit Spezialfach Statistik, angemeldet. Rund 2 Jahre absolvierte ich 3 x am Abend in der Woche den praktischen Unterricht und die Vorlesungen · (unter anderem mit den Kollegen Werner Kurasch, Ein- und Verkauf, sowie Wolfgang Pavlacka, Organisation, Logistik).

Darüber kam zu Hause keine große Freude auf ... doch ich stand es durch.

Im Unternehmen ging es ganz anders zur Sache als gedacht. Erstmal wurde unserem bewährten Chef, Herrn Heinz Seibert, ein junger Mann, Dipl. Kaufmann Abel, vorgesetzt. Dies verkraftete er nicht und kündigte im Alter von über 60 Jahren. Auch Herr Abel leistete nicht, was vom Vorstand verlangt wurde ... er musste gehen. Der erwähnte Gruppenleiter Nr. 1 rückte auf und ich wurde der gleichberechtigte Stellvertreter.

Das neue Zeitalter rückte an. Wir arbeiteten wohl noch mit dem System Logabax, meist manuell bis zur endgültigen Auswertung und zur Vorlage bei der Geschäftsführung. Das Hollerith-System wurde angekündigt und sehr bald eingeführt.

Gruppenchef Nr. 1 gab auf und ich wurde kurzfristig als Abteilungschef von 3 zusammen geführten, kleineren Abteilungen, federführend die Statistik, eingesetzt.

Übergreifend wurde mir der Organisator für die Niederlassungen vorgesetzt, sozusagen als Verbindungsmann zur Geschäftsleitung.

Bald ging es über zu der Erfassung durch die Elektronische Datenverarbeitung (EDV). Unsere Abteilung Statistik wurde alsbald aufgelöst, verbunden mit Kündigungen einiger Mitarbeiterinnen! Ich wurde zum Leiter der Springergruppe und Herr über 12 Mitstreiterinnen befördert. Ein starkes halbes Jahr lang kontrollierten wir die entsprechenden Übertragungen auf die EDV-Listen. Dann war Schluss.

Der große Teil wurde durch die Buchhaltung und den Versand übernommen und der kleinere konnte mit einer guten Abfindung gehen ... so einfach war das.

Bei mir stand es offen und da hatte ich wiederum viel Glück. Kollege Wolfgang Pavlacka, Leiter der Organisation und Logistik und später Direktor, sowohl bei Schwaben Bräu, als auch bei Dinkelacker, empfahl mich zum Nachfolger von Kurt Jakobi, der sich wegen Überforderung versetzen ließ.

Ich wurde dem Verkaufsdirektor Dr. Petzold vorgestellt und als zukünftiger Leiter der Zentralen Verkaufsverwaltung (ZVV) akzeptiert, mit dem Versprechen, die Handlungsvollmacht zu bekommen.

Nach kurzer Zeit veränderte sich die Situation. Von Dr. Petzold trennte man sich im gegenseitigen Einvernehmen. Nachfolger wurde der Verkaufsleiter Erwin Baumann.

Mit dem neuen Verkaufsdirektor verstand ich mich recht gut, auch die Zusammenarbeit war sehr harmonisch, immerhin über 10 Jahre.

Nicht zu vergessen: 1953 und 1954 gingen interne Betriebsfußballspiele - unter meiner Mitwirkung und Organisation - mit den Mannschaften Flaschenkeller, Faßwichs, Gär- und Lagerkeller, Fuhrpark und Angestellte über die Bühne.

Die allgemeine Begeisterung war sehr groß und dadurch half mir das Glück und der Zufall. Im Sommer 1954 kam unser Firmenchef Robert Leicht mit einem Schreiben des Verbandes der Firmen- und Behörden Mannschaften Württembergs zu mir ins gegenüberliegende Büro und bat mich als guten Sportler doch am 1. Oktober die

Gründungsversammlung zu besuchen.

Gesagt, getan ... ich wurde somit Gründungsmitglied im Stuttgarter Schlachthofsaal (Sitz Stuttgart).

Anmerkung: Am 6. August 1955 erfolgte im Stuttgarter Wullesaal die Umfirmierung zum Württembergischen Betriebssportverband e.V. (WBV, mit Sitz Esslingen).

Ausschlaggebend war noch das damalige Pokalspiel SV Vaihingen gegen die SKG Botnang im Vaihinger Rosentalstadion. Nach dem Spiel saß man gemeinsam auf der Terrasse zusammen. Dabei waren mehrere Spieler beider Mannschaften, die bei Schwaben-Bräu gearbeitet haben.

Bierfahrer Horst Hoffmann schlug spontan die Gründung einer Betriebsfußballmannschaft vor. Man war sich einig, dass Rudi Waizenegger der zukünftige Boss sein wird. Nach dem ersten inoffiziellen Spiel am 20. Juni 1955 gegen die Girokasse Stuttgart (4:1 gewonnen), erfolgte am 29. Oktober 1955 der Beitritt zum WBV e.V. über den SV Vaihingen e.V. (1.Vorsitzender Karl-Heinz Reinheimer). 1. WBV-Vorsitzender war damals Helmut Westphal.

Über den weiteren Verlauf werde ich zu einem späteren Zeitpunkt berichten.

Übrigens: Zu dieser Zeit arbeitete man noch 48 Stunden in der Woche, einschließlich am Samstag und alle 4 Wochen zusätzlich am Sonntag.

Wenn schon, denn schon ... meine liebe Frau ging mit mir sehr oft, nach des Tages Arbeit, in Botnang spazieren. Wir sagten dazu immer: „Wir gehen um die Ecke etwas Luft schnappen!"

Besonders fiel uns damals die Plakatwerbung ... einen VW müsste man haben ... auf.

Für uns war dies natürlich ein unerfüllbarer Wunschtraum, denn zu dieser Zeit konnten wir uns ganz sicher kein Auto leisten!

Nun, im sogenannten Privatleben konnten wir uns jedoch jedes Jahr einen Urlaub leisten, wenn zu Anfang auch nur im Inland. Alsdann ging es aber auch nach Italien, Österreich, Schweiz, Rumänien, Spanien, Teneriffa und nach La Palmas.

Doch ganz zu Anfang, 1949, gastierten wir in Welzheim. Beim Empfang in der Pension mussten wir unsere Ausweise zeigen, weil man uns nicht glauben wollte, dass wir verheiratet sind. Täglich waren wir per Pedes auf Wanderschaft. Man bedenke, alleine die Strecke zum Ebnissee, hin und zurück, rund 30 km.

Dort haben wir uns daraufhin immer ganz gemütlich in die Sonne gelegt und im See oftmals gebadet. Die liebe Marianne war zu dieser Zeit schon in anderen Umständen, was sie aber nicht störte und einen gewagten Bikini trug. Noch heute denke ich daran, dass ich über die „Lilabellen" immer wieder kräftig schimpfte. Die Libellen am See waren echt ein Ärgernis für alle Badegäste.

In der Pension - über einer Bäckerei - wurden wir übrigens in einem hinteren Zimmer einquartiert. Dies bedeutete, dass wir durch das zuvor liegende, bewohnte Zimmer gehen mussten. Nicht selten traf ich den weiblichen Gast splitternackt, mit sehr schöner Figur, an. War es Absicht?
Leider konnte ich diese Situation nicht nutzen ... mein „Feldwebel" passte gut auf.

Einige Jahre danach waren wir wieder in dieser Gegend und zwar auf dem Mönchhof. Meine Schwester Lieselotte arbeitete dort als Hauswirtschafterin. Hätten wir nicht tun sollen, denn Mama Marianne wurde im Gasthof in der Küche voll eingespannt. Vorteile kamen dabei und dadurch leider nicht heraus ... im Gegenteil! So zum Beispiel wurde der Herr „Bürgermeister vom Ort" beim Mittagessen sehr bevorzugt. Die gesamte Familie des Ortsvorstehers bekam jeweils und zu jeder Zeit ein Göckele - damals, anfangs der Fünfziger, eine Delikatesse - serviert und wir sahen in die Röhre.

Sogar unsere Lebensmittelmarken mussten wir abgeben, der Herr Bürgermeister natürlich nicht. Nicht mal einen Dank oder einen kleinen finanziellen Abschlag bekamen wir von der Wirtin Frau Hoffmann. Wir waren in ihren Augen nichts wert, einfach Luft, das heißt die Arbeit von Marianne war für sie ganz selbstverständlich. Fast jeden Tag war ich mit der kleinen Gisela, in einem uralten Kinderwagen des Hofes, unterwegs. Ganz klar gefiel dies besonders unserem Töchterlein. Sie hatte großen Spaß dabei.

Wenigstens am Sonntag konnten wir gemeinsam an den Ebnissee zum Baden gehen und uns einen Kaffee mit Kuchen leisten, sowie ein gutes Abendessen uns in der Schlossgaststätte, in gemütlicher Gesellschaft, ebenfalls gönnen.

Waren wir einmal nicht unterwegs, dann vertrieben wir uns die Zeit im schönen Hausgarten. Gisela setzten wir, zur Gaudi, immer wiedermal ins Gehege mit den kleinen Küken. Sie hatte keine Angst und schmiss die kleinen Viecher mit viel Spaß und Freude nur so in der Gegend herum.

Die Wirtsleute, samt meinem Schwesterherz Liese, konnten sich nicht erklären, warum diese so unruhig waren. Wir schwiegen natürlich.

Dann kam die Urlaubszeit im schönen Hinterstein bei den Kremmes. 3 Jahre lang und dann wiederum 2 Jahre am Bühler Alpsee im Gschwenderhof auf Halbhöhenlage. Es verstand sich, dass man meist mit der dampfenden Eisenbahn mit viel Gepäck, weil wetterbedingt, anreisen musste. Zweimal allerdings auch mit dem 0-Bus, einem Vorkriegsmodell. Treffpunkt war immer der Königsbau, in der Früh um 2:30 Uhr. Ab ging es langsam aber sicher, so dass wir jeweils um ca. 12 Uhr zum vorbestellten Mittagessen einkehren konnten. Am Ziel waren wir dann jeweils so um die 16:30 Uhr.

Schön war die Zeit trotzdem, wir wanderten viel und kehrten ab und zu zünftig ein.

Unsere Losung war:

... Schön die Berge und Seen, knapp die Kasse ...!

Bei den Kremmes in Hinterstein wurde sehr, sehr gespart. Gisela durfte nur bei einer 15 Watt-Birne abends im Bett ihre Lektüre anschauen. Einmal waren wir bei einer zünftigen, bayrischen Abendveranstaltung und als wir etwas später als üblich heimkamen, war das Haus - aus Sparsamkeitsgründen - geschlossen. Wir mussten sehr lange warten, bis uns endlich aufgemacht wurde.

Schwägerin Erne musste gar eine ganze Nacht auf der Terrasse kampieren. Noch schlimmer: Ein Gast, ein junger Mann, cremte sich immer die Lippen mit einer besonderen Paste gegen Gletscherbrand ein. Am nächsten Tag sahen wir die „Abziehbilder der Lippen" auf den Gläsern. Das heißt, es wurde kalt gespült ... aus lauter Sparsamkeitsgründen!

Im Ort galten nur der Fürst, der Bürgermeister und die Kremmes etwas. Alles andere war Abschaum (so wurde tatsächlich gesprochen). Trotzdem war es immer unterhaltend, zum Beispiel wenn man abends gemütlich zusammensaß, bei einer Flasche Bier und spärlichem Licht.

So nebenbei mussten wir unsere Rabattmarken vom nahe gelegenen Einkaufszentrum jeweils den Kremmes übergeben.

Das waren noch Zeiten, die man sich heute kaum mehr vorstellen kann.

Schon 1953 waren Oma Emma, Marianne und Gisela im Gschwender Hof zu Gast. Auch dort wurde noch auf allen Wegen gespart. Man kampierte in Zimmern mit uralten Möbeln. Waschen konnte man sich nur mit kaltem Wasser in eigens zur Verfügung stehenden Waschschüsseln.

„Ohne mich!" erwähnte Marianne. Sie meinte, dass es mit dem unruhigen Papa viel gemütlicher war. Leider bekam ich keinen Urlaub bei meinem neuen Brötchengeber Schwaben-Bräu. Dort begann ich ja erst am 1. Juli. Doch im nächsten Jahr war ich dabei und brachte etwas Schwung in den Laden. So dachte ich wenigstens, wohl ein Trugschluss. Bei immer schönem Wetter wurde viel im Bühler Alpsee gebadet. Spaß und Gaudi hatten wir mit den Mayers.

Herr Mayer gab immer wieder mit seinem fahrbaren Untersatz, einem VW älteren Baujahres, mächtig an, doch seine Frau zog ihm nach einiger Zeit den Zahn und meinte: „Gib doch nicht so an, das ist doch ein Fahrzeug deiner Firma." Aber gerade diesen VW brauchten wir eines nachts. Für Gisela wollten wir etwas Gutes tun und gaben ihr Milch direkt von der Kuh zum Trinken. Das war nicht gut, denn sie bekam einen fürchterlichen Durchfall, vermischt mit Blut, sowie mit hohem Fieber, sodass wir in der Nacht um 01:00 Uhr sie zum Arzt fahren mussten. Eben mit Hilfe von Herrn Mayers VW. Es wurde wieder gut und wir konnten mit Gisela bei bester Gesundheit zum Baden an den Alpsee gehen.

Sicher wäre es ein schöner Film:
„Die Mayers, die Mayers"
geworden.

Mit Herrn Mayer schwamm ich über den Alpsee - schon einige Kilometer - und auf der anderen Uferseite erkundeten wir den dortigen kleinen Ort. Wir waren schon runde 2 Stunden unterwegs. Natürlich kamen große Sorgen bei den Zurückgebliebenen auf.

Verständlich mehr bei meiner lieben Frau als bei Frau Mayer.

Es herrschte schon die Befürchtung, dass wir eventuell in einen Sog gekommen und ertrunken sind. Doch wohlbehalten kamen wir sicher und gesund zurück. Hätten wir Geld dabeigehabt, dann wären wir sicherlich auf der anderen Seite eingekehrt und so länger geblieben.

Wenn schon VW = Volkswagen: Jetzt warb man nicht mehr nur über Plakate, sondern auch übern Funk und kurze Zeit später übers Fernsehen, durch das 1. und einzige Programm.

Wie schon gesagt, schön wäre es gewesen, doch das Geld und noch wichtiger, der Führerschein fehlte.

Dann kam die Ära „Waldenweiler im Rems/Murr-Kreis".

Oma Emma gastierte zuerst mit den Tanten Liesl und Else - zur Erholung von der AOK verschrieben - im Gasthaus Lamm bei der Familie Heinrich. Wir besuchten die Oma und Tanten, machten eine schöne Wanderung und versprachen abschließend unseren Urlaub im nächsten Jahr dort zu verbringen.

So kam es auch. Es hat uns dann sehr gut gefallen, sowohl die restlichen Wanderungen, als auch unsere Ausfahrten in die nähere und weitere Umgebung. Gemütlich war es ganz besonders an den Abenden beim Zusammensein in der Wirtsstube mit allen Pensionsgästen und den Wirtsleuten, voran Frau Heinrich als Stimmungsmacherin.

Ein Urlaubsjahr hängten wir noch dran, sodann zählte Waldenweiler der Vergangenheit an.

Trotzdem sind wir noch öfters dort zu Besuch gewesen. Erst einmal waren wir - Marianne, Gisela, ich und Schwägerin Erne als Fahrerin, sowie Schwager Günter, im eigenen Pkw, mit Frau Hannelore, Oma Emma und dem ruhigen Vetter Helmut Stieger - Richtung Waldenweiler unterwegs. Schön und gut.

Die liebe Erne fuhr jedoch an diesem Tag strikt immer nur Tempo 20/30 km pro Stunde, sogar auf ganz freier Strecke, sodass wir laufend eine sehr lange Schlange verbunden mit lautem Gehupe, hinter uns hatten. Dieses Gehabe war mit der Zeit nicht auszuhalten, mir platzte einfach der Kragen und ich schrie heftig nach vorne: „Fahr doch endlich schneller!" Die Antwort kam prompt: „Hald doch du dei Gosch, wenn ma erschd bei dr Führerscheiprüfung durchgfalla isch."

Zwei Jahre später hatte ich den Führerschein und wir fuhren, im Gespann von Günter & Co. und Beisein von Vetter Helmut, wieder nach Waldenweiler. Wir haben zu Mittag gegessen und saßen anschließend noch sehr gemütlich bei Kaffee und Kuchen - mit einigen Schnäpsen intus - zusammen. Dann kam der Knall. Günter, der Fachmann und Helmut kamen auf die ausgefallene Idee, bei meinem VW-Käfer - hinten mit zweigeteiltem Fensterle, 23 PS - die Zündkerzen heraus zu schrauben.

Nach dem abendlichen Abschied stiegen wir frohgelaunt in meinen fahrbaren Untersatz ein. Zwei Meter ging s, dann stand der Karren und streikte! Ich stieg aus, schneller als die Polizei erlaubt (so sagt man), tobte was das Zeug hielt und beschimpfte sowohl meinen Schwager, als auch meinen Vetter. Ich ließ mich einfach nicht beruhigen.

Pensionsgäste, Spaziergänger und natürlich auch die Wirtin, die liebe Frau Heinrich - sie bat mich erfolglos doch nicht so laut zu sein - kamen hinzu. Günter schraubte schnell, ganz aufgeregt, die Zündkerzen rein und brachte die verzerrten Leitungen in Ordnung. Alsdann konnte ich meine / unsere Fahrt fortsetzen. Der Krach im Auto war vorprogrammiert.

Es gab allerdings noch ein Nachspiel: Etliche Jahre später machten wir einen Besuch zur Mittagszeit. Wir wurden von der jetzigen Seniorenwirtin sehr frostig begrüßt. Marianne fragte ganz sorglos: „Frau Heinrich kennen Sie uns noch?" „Und ob ich euch kenne", war ihre Antwort mit grimmigem Gesicht!

* * *

So zwischendurch. Bis zu dieser Zeit mussten unsere Frauen die Wäsche, sehr anstrengend, mit den Händen waschen.

Zur Erleichterung kauften wir die allererste Waschmaschine, die auf den Markt kam: eine Bauknecht!

Ein kleines, fast zierliches Gerät, bei dem man noch wenig Wäsche eingeben durfte, doch immerhin konnte man elektrisch und kraftlos waschen. Danach musste man die Wäsche durch Rollen, die oben angebracht waren, drehen um bei der Wäsche grob das Wasser zu entleeren, allerdings um sie dann zum Trocknen aufzuhängen.

Nicht zu vergessen sind unsere Urlaubserinnerungen ans Zelten in Italien. Das erste Jahr fuhren wir in Günters VW, mit mir, Hannelore und Gisela, eingepfercht und zugepackt bis obenhin, so dass sie sich kaum bewegen konnte. Bei der Fahrt kam starker Regen auf, Wasser trat ins Wageninnere ein. Was war zu machen? Günter machte kurzen Prozess und schlug ein Loch in den Boden, so dass das Wasser ablaufen konnte. Den Gotthard überquerten wir nach kurzer Pause um Mitternacht, trotz Regen, zügig und schnell. Günter, der Hellseher, versprach, dass das Wetter nach Genua recht schön wird. So war es dann auch. Gott sei es gedankt.

Beim Zeltplatz in Marina di Andora angekommen, wurde das kleine Zelt gleich aufgebaut. Auch ein Vorzelt aus Decken, die wir eigentlich zum Schlafen dabei gehabt haben, wurde angeschlossen und zum Schluss die Kochstelle untergebracht.

Unser Zeltplatz war sehr schön und nahe dem Meer, doch die sanitären Anlagen ließen sehr zu wünschen übrig. Die 6 Toiletten waren meist verstopft und die Waschhalle, mit 12 Hähnen nebeneinander oberhalb der langen Blechrinne, wurde selten gereinigt und war dementsprechend sehr ekelig.

Man bedenke, dass an einem Hähnen Geschirr gespült, am nächsten Gemüse gereinigt wurde, am nächsten hat sich dann eine Dame und am übernächsten ein Herr, beide meist mit freiem

Oberkörper, gewaschen.

Trotzdem, wir hatten recht viel Spaß und vertrieben uns die meiste Zeit am und im Meer. Wir, Gisela und hauptsächlich ich, vergaßen ganz den Auftrag von Oma Emma, auf Günter und Hannelore aufzupassen, damit sie keine Dummheiten machten. Sie waren ja noch nicht verheiratet.

Nicht vergessen werde ich - noch heute sind die Spuren auf dem Rücken zu erkennen -, dass ich auf einem Felsen, direkt am Meer, Erholung suchte, mich in die Sonne legte und einschlief. Nach einiger Zeit war es für mich ganz furchtbar. Die Haut mit Fleisch schälte sich total ab und es war kaum mehr auszuhalten. Alle Medizin und Hausmittelchen nützten nichts. Allein die ganz normale Nivea brachte etwas Erleichterung!

Natürlich waren wir nicht nur am Meer. Abends absolvierten wir sehr rege Spaziergänge im wirklich schönen Städtchen und genossen meist das viel gepriesene gute Eis in allen Variationen. Kleine Ausflüge zu den sehenswerten Städten Savona, Loano, Allassio, Diano Marina, San Remo und Imperia lagen natürlich auch drin. Genua haben wir wohl bei der Anreise erlebt und waren tief enttäuscht über diese dreckige Stadt samt Hafen, so dass wir einen weiteren Besuch außeracht gelassen haben.

Auch zum zweiten Mal kampierten wir an der italienischen Küste. Diesmal fuhr ich im eigenem Wagen mit Schwägerin Erne und Sohn Jürgen (gerade 5 Jahre alt).

Günter hatte es auf dieser Fahrt bequemer als im Vorjahr. Eben nur mit seiner besseren Hälfte Hannelore und Vetter Helmut sowie dem etwas zu reichlichen Gepäck (teilweise mit neuem Zubehör). Wir sind gut angekommen. Die sanitären Anlagen waren leider nicht viel besser als im Vorjahr, doch abgesehen davon waren diese 14 Tage wirklich super bei immer schönem Wetter.

Erholung, Ruhe, Entspannung pur!

Unter vielem anderen sehr häufiges Baden im Meer, das besonders unserem Jürgen gefallen hat.

Noch einmal wagten wir unseren Urlaub, dem dritten und letzten Trip, an der Riviera am Mittelmeer, im Jahre 1966 mit „Feldwebel" Marianne und den Kindern Birgit und Jürgen, zu verbringen. Eigens dafür haben wir uns ein Zelt mit allem Zubehör angeschafft. Schon die Anreise konnten wir nicht als sehr optimal verbuchen. Regen, Regen und nochmals Regen.

Unser Feldwebel schimpfte und schimpfte fast die ganze Zeit.

So kamen wir gegen Mitternacht, wie immer, am Sankt Gotthard zur ersten Pause an. Erstmal mussten die Mutti, Kinder und Clan auf die Toilette und fanden weit und breit keine.

Wir bekamen gute Gelegenheiten im weiten Umfeld.

Dann ging es erlöst weiter. Sogar das Wetter machte halbwegs mit. Um die Angst bei meiner lieben Frau und den Kindern bei der S-förmigen, steilen Abfahrt zu überwinden, wurde sogar gesungen und Gedächtnis- und Ratespiele gemacht.

In bester Stimmung und guter Laune kamen wir am Ziel, dem Zeltplatz an

D och - oh Graus - wir fanden keinen geeigneten Platz, eben nur einen etwa 20 m von der Waschhalle und den Toiletten entfernt. Es stank halt, je nach Windrichtung, meist ganz erbärmlich.Unsere Mutter regte sich mächtig auf und suchte erfolglos eine bessere Behausung.

Wir begannen mit dem Einrichten der Zelte, die wir schöner und besser als in den Vorjahren gestalten konnten. Man gewöhnte sich sogar an den Gestank, nur die liebe Marianne nicht.

Dazu kam, dass die Toiletten immer besetzt waren oder nicht benutzt werden konnten, weil eben total versch.......

Abgesehen davon, es gab sehr selten Toilettenpapier und wenn, dann wurde es meist von den umliegenden Zeltbenützern abstaubt,um welches zu haben, wenn es pressierte.

Die meiste Zeit verbrachten wir aber am Meeresstrand zur besagt-Erholung.

Die beiden Damen mit Birgit unter einem Sonnenschirm.

Günter mit mir und Jürgen meist im Wasser (mit der Betonung „Meereswasser"). Ball spielen, Tauchen, Wettschwimmen oder nur miteinander umhertoben. Was könnte schöner sein? Auch zwei Regentage haben wir verkraftet. Doch wie? Unsere Mama schimpfte nur einmal und das laufend. Immer wieder kam sie mit dem Kopf, den Schultern oder Händen an die innere Zeltwand, das sie auf unsere wiederholten Bitten hin, insbesonders wenn es sehr stark regnete, vermeiden sollte.

Das war, wie wenn man in die Luft sprechen würde. So passierte es eben, dass an verschiedenen Stellen Wasser in das Innere eintrat. Nur diese Tatsache zog, denn sie, wenn auch sehr ärgerlich, musste für die Reinigung sorgen. Derzeit zogen Günter mit mir einen Graben um unsere Zelte, damit kein Wasser von unten eindringen konnte.

Diese Tage waren auch zum Ausruhen gerade richtig. Wir vertrieben uns die Zeit mit Lesen oder Spielen, unter anderem mit „Mensch ärgere Dich nicht!" Auch ruhten wir uns auf unseren Pritschen etwas aus. Apropos Pritschen: Immer wieder brachen diese Liegestätten zusammen und „Mutti und Papi" lagen auf dem Boden. Natürlich auch bei Nacht, das nicht zu überhören war. Der Spott folgte auf dem Fuße mit „Ihr habt wohl ein ganz besonderes Temperament für eure Liegestätten mitgebracht" oder: „Es ist wohl die Liebe über euch gekommen." oder „Wollt ihr im Zelt für weiteren Nachwuchs sorgen?" Nichts dergleichen, die Liegen waren ganz einfach zu schlecht verarbeitet aber wie sage ich es der Einfachheithalber den lieben Kindern?

Auch diese betrübliche Zeit ging vorbei. Der Tag des Finales bei der Fußball-Weltmeisterschaft Deutschland gegen England nahte. Marianne und ich machten uns auf den Weg ins benachbarte Cafe, um uns das ausgeschriebene, dramatische Endspiel am Schwarz-Weiss-Fernseher anzuschauen. Es war schon proppen voll, doch wir konnten uns wenigstens einen Stehplatz ergattern. Das Spiel begann. Hinter Marianne stand ein „schlagfertiger Engländer", wie meist in solch ähnlichen Fällen. Dieser hatte nichts anderes zu tun, als der lieben Mutti bei jeder Gelegenheit kräftig auf die Schulter zu klopfen, das sehr weh tat. Ich verbat diesem Kameraden diese für ihn sehr erfreuliche Tätigkeit. Er wurde sichtbar sauer! Die entsprechende Antwort wurde allerdings auf englisch gesprochen und diese verstand ich leider nicht. Marianne war erlöst, doch die blauen Flecken blieben, wie wir nachher festgestellt haben.   Deutschland verlor, nach dem legendären Wembley-Tor, mit 2:4 Toren. Die Engländer freuten sich sehr lautstark und übertönten die ganze Umgebung.

Höhepunkt war sicher unser Ausflug nach Nizza und Monaco.

So war es jedenfalls geplant. Vor der Abfahrt wurde ordentlich gefrühstückt. Es wurden Brötchen mit Nutella-Aufstrich zu Kaffee oder Kaba von der Mama gereicht. Danach ging es los zur recht fidelen, schönen Ausfahrt, mit kurzem Aufenthalt in San Remo. Weiter fuhren wir, an der Küste entlang, flott unserem Ziel entgegen. Auf der letzten Anhöhe, dem höchsten Punkt mit der Nahsicht auf Monaco und der Fernsicht auf Nizza, wollten wir noch eine kurze Pause einlegen und uns etwas die Füße vertreten. Dann geschah das Unerwartete: Beiden Kindern - Birgit und Jürgen - wurde es sehr schlecht. Jürgen spuckte in den Straßengraben, doch Birgit „versaute" im Auto voll die beiden Rücksitze. Nach unseren Recherchen war wohl das nicht mehr ganz gute Nutella daran schuld.

Die Reinigung war sehr aufwendig und wurde meist von der lieben Mama erledigt. Wir beschlossen dann - die Kinder waren wieder wohlauf - nicht mehr weiter zu fahren, das wir sehr bedauert haben, aber nicht mehr zu ändern war. Zum Abschluss wollten wir jedoch für uns etwas Gutes tun und kehrten in das nahe gelegene First-Class-Hotel, mit herrlichem Meerblick aus luftiger Höhe, ein. Wir waren begeistert über die günstigen Preise laut der ausgelegten Speise- und Getränkekarte. Die Bestellungen unsrerseits waren dementsprechend und wir ließen es uns genüsslich schmecken. Beide Kellner haben uns sehr nett und freundlich bedient. Besonders empfahlen sie uns immer wieder das Gemüse- und Salat-Bufett, von dem unsere Kinder, Vater und Mutter eingeschlossen, reichlich Gebrauch machten, zumal dies auf einem Service-Wägelchen sehr angenehm und gut gereicht wurde.

Das dicke Ende kam: Die Rechnung!

Fast das ganze Geld, bis auf wenige Mark, musste der nicht mehr liebe „Vadder" hinblättern. Für uns hieß es: Oh Schreck lass nach - die Gemüse- und Salatteller mussten gesondert bezahlt werden, mit dem wir natürlich nicht im Entferntesten gerechnet haben. Was nützte uns die schöne Aussicht und das hervorragende Service, wenn am Ende die Kasse leer ist.

Wir überstanden es, denn am nächsten Tag reisten wir ja ab. Fürs Benzin reichte es noch, eben mit einem Benzingutschein zusätzlich von Günter.

Nochmals einen Blick zurück auf unseren zweiten Riviera Urlaub, das unbedingt noch zu erwähnen ist.

An meinem 40. Geburtstag kam ein Aufruf, den ich erst zum zweiten Mal mitbekommen habe:

„Telegramm für Rudi Waizenegger"

Um Gottes Willen, es wird doch zu Hause nichts passiert sein, war mein erster Gedanke. Im Telegramm stand dann lediglich:

„Herzlichen Glückwunsch zum Geburtstag" von meiner lieben Frau! Das war ja ganz nett ausgedacht, doch kam es bei mir ganz anders an.

Einmal versuchten wir als sogenannte „3 Musketiere" (Günter, Helmut und meine Wenigkeit) die Umgebung zu sichten und etwas unsicher zu machen. Wir gingen ohne weiblichen Schutz an einem Nachmittag (... und frühem Abend) auf Wanderschaft und wurden, wider Erwarten, fündig. Auf der Strecke stießen wir auf ein großes Festzelt. Dort drinnen spielte eine recht gute Musikkapelle zu einem besonderen Anlass, den wir nicht ermitteln konnten, der aber auch nicht wichtig für uns war.

Neugierig traten wir ein und merkten, dass wir sehr willkommen waren, denn überwiegend saßen Mädels und junge Frauen an den Tischen. Wir bestellten ein frisch gezapftes Bier und einen Korb voll warmer Brezeln und taten uns gütlich. Nicht lange hat es gedauert und es kam „Damenwahl". Daraufhin, nachdem wir aufgefordert wurden, wurden wir laufend zum Tanzen eingeladen. Günter und ich amüsierten uns prächtig, nur Helmut zierte sich, denn er konnte leider nicht tanzen ... der arme Kerl. Mit einem, nur etwas, schlechten Gewissen traten wir den Heimweg an. Dort erwartete uns wohl ein leichtes Gewitter, doch für mich war es allerdings ein ganz schweres Donnerwetter! Schwägerin Erne saß beim Eingang auf einem Markierungsstein und begrüßte uns mit einem sehr finsteren Gesicht und schon „hagelte" es ganz fürchterlich auf mich ein.

Ich hörte mir die Beschimpfungen eine Zeit lang an, aber dann verlor ich meine Geduld und verbat mir die schweren Anschuldigungen. Natürlich mit der entsprechenden Lautstärke. „Nicht einmal meine bessere Hälfte hätte sich eine solche freche Kanonade erlauben dürfen!" Meine Schwägerin Hannelore war dazu ruhig und schmunzelte in sich hinein, hatte Verständnis für uns, aber nicht für den Auftritt ihrer Schwester.

Für diesen Urlaub ist noch zu sagen, dass Jürgen sich sowohl am Vormittag, als auch am frühen Abend mit großer Freude bei der Ein- und Ausfahrt aller Fahrzeuge betätigte. Begeistert bediente er den, mit der Hand zu bedienenden, Schlagbaum, damit die Fahrzeuge jeweils ein- oder ausfahren konnten. Sogar manches Trinkgeld lag wider Erwarten drin.

Nun zurück: Das nächste Abenteuer folgte im nächsten Jahr. „Urlaub in Rumänien"

Schon in der Echterdinger Flughalle fing es sehr ungemütlich an. Unser Gepäck - von Mama und Papa - war zu schwer und wir mussten einige Kleidungsstücke von Gisela und Jürgen in deren Koffer umverteilen. Sehr zum Nachteil der nachfolgenden Passagiere, die unnötig länger warten mussten. Der Flug mit einer uralten Propellermaschine überstanden wir, gut durchgeschüttelt, recht ordentlich und landeten ohne Zwischenfälle, wohl etwas verspätet, in Konstanza. Verwirrt fürs Umfeld war unterwegs der Ausspruch von Jürgen: „Wann stürzen wir denn endlich ab?"

Mit einem altersschwachen 0-Bus ging es weiter nach Eforie-Süd ins neu eröffnete 4-Sterne-Hotel.

Große Aufregung in der Empfangshalle. Wir waren aber vorerst nicht betroffen, erhielten unsere Schlüsselkarten und wurden sogar von einem Pagen zu unseren schönen Zimmern geleitet. Es war wohl klar, ein kleines Trinkgeld lag drin.

Der Schreck folgte auf dem Fuße, denn in Giselas Zimmer wurde bereits eine junge, hübsche Dame einquartiert.

Resolut packte unsere energische Mama all die Sachen aus den Schränken, von den Betten und die im Bad befindlichen Schönheitsmittelchen und schmiss alles auf den Tresen der Rezeption. Verbunden naturgemäß mit lautstarken Worten.

Nur ein harmloser Satz: „Wir verbitten uns dies und bitten sofort um Richtigstellung!"

Dieser Auftritt verfehlte selbstverständlich nicht seine Wirkung und die Damen der Rezeption, sowie der schnell gerufene Geschäftsführer, ein Deutscher, entschuldigten sich immer wieder und stellten umgehend die Misere ab.

Alsdann waren wir zufrieden und erkundeten zuerst das Umfeld, den Strand und die Gebäude, die für uns in Betracht kamen.

Übrigens: Zu Hause wurde uns mehrere Male geraten, NYLON - Strümpfe und Wäsche - mitzunehmen. Wir wussten nicht warum, doch während unseres Rundganges kamen wir auf die Sprünge. An jeder Ecke und bei allen Ständen wurden wir nach NYLONWASCHE, insbesondere natürlich nach Strümpfen, gefragt, die angeblich ganz gut bezahlt wurden. Manche Gäste haben damit sogar ihren Urlaub finanziert, sofern diese Gerüchte der Wahrheit entsprachen. Am letzten Tag wurde Marianne fast gezwungen ihren zweiten Badeanzug zu opfern. Sie tat es und hat es verkraftet, denn er wurde tatsächlich recht gut bezahlt.

Nun aber der Reihe nach. Beim weiteren Rundgang - an den Sonnen- und Badehungrigen vorbei - besichtigten wir zuerst den Strand und waren echt enttäuscht über den schwarzen Sand, an den wir uns aber mit der Zeit gewöhnt haben.

Zum Zweiten schauten wir bei dem Pavillion - außerhalb des Hotels, nur erreichbar durch einen kleinen Spaziergang - vorbei. Dort wurde uns ja zukünftig das Frühstück, das Mittagessen und das Abendessen serviert. Immer musste man sehr pünktlich sein. Ist man früher gekommen, dann durfte man treu und brav warten, bis endlich aufgemacht wurde. Angenehm war natürlich, dass teils zur Mittagszeit und dann am Abend eine gute 3-Mann-Kapelle gespielt hat.

Nun, am Abend wurden die lieben Urlauber zusätzlich sogar von einer recht guten Schlagersängerin unterhalten, das sicher bei vielen Gästen zu einem Bierchen oder Viertele animiert hat.

Dabei lernten wir die bayrischen Spezis am Nebentisch kennen, mit denen wir oft recht schöne Stunden - bei Humor und Gaudi - erlebt haben. Insbesondere Gisela hatte großen Spass im Kreis dieser lustigen Burschen. Nicht schön war es, wenn diese Kameraden die Sängerin einige Male aus dem Rhythmus brachten. Auch Jürgen hatte bei und mit der Kapelle seine Freude. Insbesondere die große Bassgeige hat es ihm angetan, in die er auch des Öfteren in die Saiten langen durfte. Mit dem Frühstück und auch mit dem Abendessen waren wir halbwegs zufrieden, nicht aber mit der Hauptspeise, dem sogenannten Mittagstisch. Sehr eintönig und immer mit einer weißen Fettschicht überzogen. Wir haben es verkraftet und ... blieben dadurch schlank!

Eigentlich hausten wir nicht in einem 4-Sterne-Hotel, sondern eher in einem Ghetto. Nur einmal machten wir verbotenerweise einen Spaziergang in die nähere Umgebung und waren schockiert, ja entsetzt, wie die Menschen größtenteils dort lebten. Praktisch in selbstgebauten Lehmunterkünften!

Eine solche steuerten wir an und sahen die Bewohner vor der Behausung, innerhalb einer Lehmmauer gemütlich sitzen.
Näher durften wir leider nicht kommen, denn wir wurden sehr lautstark angegriffen, sodass wir schleunigst das Weite suchten. Im „Ghetto" gings weiter. Jürgen, der schon ganz gut schwimmen konnte, mit seinen 7 Jahren, und ich tobten uns im Wasser aus, genossen die Sonne und zeigten unser Talent beim Fußballspielen.
Gisela unterhielt sich verständlicherweise mit den Bayern bestens, denn bei denen war - wie schon erwähnt - meist Gaudi angesagt. Mutti hat, im Schatten der Abgrenzungsmauer, ein Plätzchen gefunden und sich mit einer etwa gleichaltrigen Frau blendend unterhalten. Über die ganze Urlaubszeit und auch noch später, hielt diese Freundschaft an.

Mit der Zeit stellte sich heraus, dass diese dunkelhaarige, hübsche Frau mit „Frau Doktor" angesprochen wurde. Augenscheinlich war sie eine bekannte Ärztin in der sogenannten DDR, das mein Frauchen aber in keiner Weise störte. Ihr Mann war, ihrer Aussage nach, Kapitän eines großen Luxusschiffes und befand sich zu dieser Zeit auf hoher See. Untermauert hat sie diese Tatsache mit dem Vorzeigen einiger Bilder. Bald merkten wir, dass Frau Dr. Becker etwas mit der „DDR-Spionage" zu tun hat, doch uns störte dies nicht weiter, denn wir hatten ja nichts zu verbergen. Doch Vorsicht war angesagt! Bezeichnend war: Wir durften im Hotel zum DDR-

Clan, auf Anweisung der Ärztin, jederzeit eintreten, das für andere Westler strengstens verboten war.

Etwas anderes: Einmal stach mich der Hafer. In einer Entfernung von rund 4 - 5 km ankerten 2 Kriegsschiffe und nach dort wollte ich interessehalber unbedingt hinschwimmen, um eben die Boote aus der Nähe zu besichtigen. Leider kam ich nicht dazu, denn als ich so etwa 1000 m geschwommen bin, kam der Aufruf vom Land aus: „Sofort umkehren! Gefahr!" Ich merkte selbst, dass das Wasser unter mir sehr, sehr schwarz wurde und machte schleunigst kehrt.

War wirklich schade, dass es nicht geklappt hat. An Land war Kuppelei angesagt: „West mit Ost"! Klarer ausgedrückt: Gisela mit dem „schönen Michael", Sohn und Student der Urlaubsbekanntschaft aus dem Osten.

Der Kandidat erschien und wurde uns vorgestellt.

Ein dicker Mops und Bleichgesicht mit strengem Scheitel.

Wir, Gisela, Jürgen und auch ich, mussten unter vorgehaltener Hand sehr lachen, doch nicht nur über seine äußere Erscheinung, sondern auch über seine lustigen Schuhe, Schnabelschuhe im wahrsten Sinne des Wortes: Vorne stark nach oben gebogen, wie bei einem Segelschulschiff!

Gisela akzeptierte mit finsterer Miene den Vorschlag der beiden Damen, mit Michael einen Spaziergang zu machen, um sich besser kennenzulernen.

Pfeifendeckel, schon nach ungefähr 500 m kehrte sie allein zurück und verschwand ... zu den Bayern, die sich nicht mit einigen Spötteleien zurückhielten.

So verging die Zeit sehr schnell und kurzweilig, bis zum glänzend vorbereiteten „Quelle-Abend" in Konstanza.

Im großen Festsaal der Stadt, der immerhin 2.500 Personen fasste, ging ein Nonstop - Programm erster Klasse über die Bühne. Wir waren echt begeistert. Begeistert waren wir auch über die kostenlose Verabreichung eines Festessens allererster Güte und aller Getränke (auch Krimsekt und Wodka). Wenn während des Programms ein „Gläsle" leer war, wurde sofort, insbesondere Wodka oder Sekt, von den Kellnern nachgefüllt.

Sehr zum Leidwesen für uns. Mama Marianne und meine Wenigkeit saßen der Bühne zugewandt und merkten nicht, dass unserem kleinen Sohn Jürgen, der hinter uns saß, immer das gleiche wie für uns eingeschenkt wurde.

Gott sei Dank erfuhren wir erst auf der Bus-Rückfahrt und noch später im Hotelzimmer das Malheur in Form des „Übergebens" hautnah!

Höhepunkt des Abends war ohne Zweifel:
Die Wahl der „Miss Quelle 1967".

Gisela trat, mehr von den Bayern-Buben angehalten, an und gewann den Wettbewerb der nur schönen Kandidatinnen, 20 an der Zahl. Allerdings punktgleich mit dem kleineren, sehr hübschen Bayernmädel (ebenfalls auch von den Bayern vorgeschlagen).

Ein Siegerband wurde unter großem Beifall umgehängt und viele Preise wurden dazu gespendet.

Wir spazierten zum letzten Mal durch die Gartenanlagen, sowie am Strand entlang, um dann in den Zimmern die Koffer zu packen. Am Flughafen in Konstanza störten uns am Rand, mit etwas Angst verbunden, die zahlreichen, kaputten Propellerflugzeuge, doch wir sind wohlbehalten in Stuttgart und zu Hause angekommen.

Der Alltag hatte uns wieder. Die Arbeit - im Betrieb, für die Gewerkschaft und natürlich auch für den Betriebssport - rief. Rund 65 Spiele standen im Kalender (wie jedes Jahr), dazu noch einige Spiele für die SKG Botnang.

Viele Fest-, Werbe-, Jubiläums- und Freundschaftsspiele musste ich, neben der Arbeit im Unternehmen, organisieren. Auch, so nebenbei gesagt, waren wir schon im Ausland sehr gefragt.

Sehr zum Ärger meiner lieben Gattin, denn ich war wenig zu Hause ... halt immer unterwegs. Dies kam später noch schlimmer. Sie hatte wohl Recht, aber es ging einfach nicht anders. Davon später mehr. Jetzt ging es mal wieder in den Urlaub ... 1973 nach Mallorca!

Wieder flogen wir mit einer Spartak-Propellermaschine und wieder erwarteten uns defekte Flugzeuge a´gro am Rande des Zielortes. Ein 0-Bus brachte uns, vorbei am „Ballermann" und am herrlichen Strand entlang, zu unserem 3-Sterne-Hotel.

Das Haus und die Umgebung wurden von uns inspiriert. Erfreulich das schöne Dachterrassenbad, weniger die Baustellen ums Haus herum. Tag und Nacht wurde hier in der Gegend, auf der Straße, auf den vielen Dachterrassen, in den Kneipen usw., gefeiert und morgens um vier Uhr, wenn man gerade eingeschlafen ist, kam die Straßenreinigung. Tagsüber war aber meist der Hotel-Badestrand unser Ziel. Jürgen und ich widmeten uns mehr dem Baden und Schwimmen, sowie dem Ballspielen innerhalb und außerhalb des Meeres.

Mama und Birgit suchten eher ein schönes Plätzchen unterm Sonnenschirm auf oder bevorzugten die kleine Strandpromenade mit Einkehr im „Bayrischen Hof". Abends suchten wir zusammen das runde Vergnügen und wurden fündig im nahegelegenen, neu eröffneten Strand- und Tanzcafé. Bezeichnend war zur Eröffnung, dass man eine Flasche Sekt 0,7 für nur 1 DM -4 Tage lang - bekam, das wir dann auch sehr reichlich genutzt haben. An diesen bezeichneten Abenden feierten wir dort und waren sehr vergnügt im gesellschaftlichen Kreis. Zuletzt haben wir wohl „einen Schluck" zu viel getrunken und dies mit Birgit und ihren, kurz kennengelernten, 3 Freunden. Unsere Mutti musste zur späten Stunde mit Jürgen den Heimweg antreten, da sie sich bei dem ganzen Trubel, bescheiden gesagt, die Hose „leicht verschmutzt" hat.

Auf Vorschlag der Freunde fuhren wir mit dem Taxi zu einem
bekannten Gartenlokal in Halbhöhenlage. Beeindruckend war
dort das laufende Grillband bestückt mit Steaks die man
je nach Bedarf einfach wegnehmen durfte. Nachdem ich das Taxi,
auch für die Rückfahrt, bezahlt habe, machte ich mich „mit
meinem Affen im Gepäck" daran, die Steaks auf dem Band
durcheinander zu werfen. Natürlich nicht gerade zur Freude der
vielen Gäste und der Wirtsleute. Der Gipfel war dann noch, dass
ich mich neben einem Tisch, an dem ein junges Pärchen
gesessen hat, übergeben musste.
Früh am Morgen ging es zurück Richtung „Wahlheimat". Ein ein-
heimischer Fotograf erbarmte sich unser und fuhr uns nach mehr-
maligem Bitten (wegen unseres Zustandes) zurück. Wir trennten
uns am Hoteleingang. Ich steuerte die Bar an und dort an der The-
ke saß meine liebe Frau und wartete auf mich.

Vor lauter Schreck übersah ich die Türschwelle und fiel lautstark
zu ihren Füßen hin. Es versteht sich, mit einem „schönen guten
Morgen" Gruß. Das wäre wohl gut gewesen, doch es ging weiter,
ich meckerte und schimpfte was das Zeug hielt. Sogar im Zimmer
ging es weiter zur Sache. Sehr zum Leidwesen meiner lieben Ehefrau und, noch schlimmer, der aufgebrachten Nachbarn.

Noch am Morgen im Terrassenbad - ich steckte zu dieser Zeit
meinen heißen Kopf ins kühle Wasser - hörte ich von den anwesenden Damen (mit dabei mein „Boss" Marianne): „Was das wohl
für ein Lümmel war, der in der Nacht so einen Krach gemacht hat!"

Neben kleinen Wanderungen in die nahe gelegenen Berge nahmen „Papa & Sohn" abschließend noch an einer Busfahrt, an der
Küste entlang, teil, bei der wir echt sehen konnten, wie schön und
sehenswert die Landschaft dieser Insel überhaupt war.
Die abschließende Besichtigung einer Likörherstellungsfirma war
wohl der Höhepunkt dieser Tagesreise.
Doch die für den Schluss gedachten, kostenlosen Verkostungen

aller Liköre taten uns sichtlich nicht besonders gut. Wir, das heißt auch Jürgen, haben sehr kräftig zugelangt, sodass wir beide, mit fast allen Teilnehmern im Bus, die Heimfahrt nicht wirklich, auf gut deutsch gesagt nur im „Dämmerlicht" genießen konnten.

So verging die Zeit - meist wohl doch am Strand - wie im Fluge. Trotzdem mussten wir zwei Dinge beanstanden. Es war in diesem Jahr, 1973, noch nicht alles 100%ig, wie es später sicher nicht mehr anzutreffen war. Zum einen ärgerten wir uns, dass man zum Mittag - und Abendessen zwischen 12 und 13 Uhr bzw. 18 und 19:30 Uhr anzutreten hatte. Mittags waren die Türen vor 12 Uhr und am Abend vor 18 Uhr stets verschlossen. Zum andern war es schon eine große Sauerei, dass eine etwa 300 m lange Rohrleitung zum Transport der gesamten Abfälle, innerhalb des Badestrandes, ins Meer geleitet wurde. Wir überstanden es trotzdem und landeten zum endgültigen Abschluss mit der SpartakMaschine, ohne besondere Vorkommnisse während des Fluges, wohlbehalten und sicher auf dem heimischen Stuttgarter Flughafen.

Der Alltag hatte uns wieder. Mutter Marianne musste mal wieder wegen eines Frauenleidens in die Klinik.
Die lieben Kinder wurden größer, insbesondere Gisela (18). Sie wurde sehr viel selbständiger, sowohl in der Freizeit (z.B. unter anderem bei der AWO), als auch zukünftig bei der Arbeit.
„Verwaltungsangestellte bei der Stadt Stuttgart" mit dem guten Schulabschlusszeugnis in der Tasche. Sie pussierte einmal da und dort. So lernte sie unter anderen auf dem Volksfest einen attraktiven, jungen Studenten kennen, mit dem sie aber bald wieder Schluss gemacht hatte, weil er ganz offensichtlich gegen die „blöden Schwaben" geschimpft hatte.
Der Kamerad wollte - nach Angaben eines Freundes am Telefon - Selbstmord begehen. Ihre Antwort war daraufhin ganz cool: „Ich stifte ihm dazu das Seil." Fertig, Schluss!

Alsdann war nur noch AXEL (Obergefreiter und Fallschirmjäger der Bundeswehr a.D.)für unsere Gisela im Gespräch. Später mehr.

Übrigens, so ganz nebenher: Ich konnte schon vor Jahren das Studium, wenn man dies so nennen darf, bei der Stuttgarter Wirtschaftsakademie erfolgreich zu Ende bringen.

Zurück auf den Boden des Alltags, im Unternehmen ging es drunter und drüber.
Immerhin war ich neun Jahre Chef der zentralen Verkaufsver - waltung und für den Außendienst und Innendienst in gewisser - Verantwortung im Einsatz.
Daneben noch Stellvertreter, mit VKL Gerold W. von unserem Verkaufsdirektor.
Des öfteren musste ich mich als Feuerwehrmann zu Preisverhandlungen bei diversen Kunden einbringen.

1971klopfte unser Betriebsratsvorsitzender bei mir mit der Bitte an, doch als Betriebsrat zu kandidieren. Ich habe es getan⬚ und eigentlich nie bereut.

Ende 1972 wurde ich dann zum Betriebsrat mit 99% der Angestelltenstimmen und gleichzeitig zum stellvertretenden Vorsitzenden gewählt.

1.Vorsitzender⬚wurde Erich Seher (Brauer im Sudhaus). Dieser⬚hatte gleich zu Anfang uns (10 gestandene Betriebsräte und 2 Ersatzleute) wieSchulbuben behandelt. Pauschale⬚Fragebogen wurden zur Beantwortung verteilt und anschließend einzeln ausdiskutiert und bewertet. Mir wurde dies zu bunt, da ja andere, wichtigere Dinge vorlagen. Ich drohte mit dem Betriebsratsaustritt. Es kam anders. Unser lieber Erich wurde schwer krank (Leukämie) und starb kurz nach Neujahr 1973. Vom BR-Gremium wurde ich mit 100% als neuer Vorsitzender mit dem Braumeister Siegfried Bachl als Zweiter bestätigt. Allerdings wurde ich damit doppelt belastet, da ich die Zentrale- Verkaufs-Verwaltung (ZVV) noch 3 Jahre weitergeleitet habe.

Dazwischen ein Zwischenerlebnis:

Im SI-Hotel in Degerloch wurde 1972 erstmalig Weihnachten mit den Familienangehörigen gefeiert. Erich Seher - von der Krankheit gezeichnet - wollte unbedingt die Festrede halten, obwohl ich mich dafür angeboten habe. Es ging in die Hose, denn ihm versagte die Stimme und er musste von der Bühne geführt werden. Ein Jahr später, wiederum im SI-Hotel, ging die zweite und letzte Weihnachtsfeier mit den Angehörigen über die Bühne. Ich hielt als Erster die Festrede. Mein Nachredner, unser neuer Vorsitzender Thomas lobte mich mit den Worten" Schön hat er gesprochen uñser Betriebsratsvorsitzender ".

Apropos neuer Vorsitzender des Vorstandes. Bei seinem Antrittsbesuch fragte er mich unter anderem: „Haben Sie gedient ... wo und bei welcher Einheit?" Meine Antwort war: „Jawohl, bei der Kriegsmarine, zuletzt 22. U-Flottille, Tender Weichsel und Gefangenschaft bis Ende 1946!" „Prima, dann verstehen wir uns, ich war Oberleutnant und Kommandant eines U-Bootes. Gute Zusammenarbeit."

Fazit: Wir arbeiteten tatsächlich gut zusammen ... nicht allzu lange, denn - nach dem Einzug in sein neues Haus auf dem Bopser, der mit allem „Drum und Dran" gefeiert wurde - folgte die Trennung im gegenseitigen Einvernehmen (!). Sein Nachfolger W. war für mich das Gegenstück, ein echtes Scheusal, doch fürs Unternehmen ein guter Vorstandsvorsitzender.

Der Betriebsrat war für ihn, ganz einfach, ein rotes Tuch, das er immer wieder zum Ausdruck brachte. Auch Ironie war dabei im Spiel, so nur ein kleines Beispiel: Wenn wir uns im Hause einmal begegnet sind, kam sicher die Bemerkung: „Heute schon die Zeitung gelesen?" Meine Antwort immer: „Klar, man muss ja wissen was in der Welt so passiert!" Nun, die Brauerei, zusammen mit der Vaihinger Fruchtsaft, brachte er aus einem sogenannten Abwärtstrend wieder in Schwung, das ihm auch eine gewisse Anerkennung verschaffte.

1975 wurde ich dann als Betriebsratsvorsitzender freigestellt und in den Aufsichtsrat gewählt. Immerhin habe ich mich über 17 Jahre in diesem Gremium für alle Arbeitnehmer/Innen erfolgreich eingesetzt!

Ein kleines Paradebeispiel: Vorstandsvorsitzender gegen mich. Dieser ließ mich kommen und eröffnete mir, dass alle Löhne und Gehälter der Brauereimitarbeiter/Innen auf den Fruchtsafttarif abgestuft werden. Je nach Tarifgruppe minus 15 bis 40%.

Meine Antwort klipp und klar: „Nur über meine Leiche, wir sind schließlich überwiegend eineBrauerei mit rund 90 % ! "◻

Seine Empörung zeigte sich darin, dass er mich an der Krawatte über den Tisch zog. Ich schlug ihm auf die Pfoten, doch es nützte nichts, er musste letztendlich klein beigeben und den von mir erwähnten Landesrahmentarif akzeptieren.

Den Betriebsrat hatte ich anschließend sofort informiert und dieser hat mir voll zugestimmt. Unser lieber Vorstandschef erwähnte zum Abschluss zu seiner Ehrenrettung: „Dann treten wir eben aus dem Arbeitgeberverband, beim Stuttgarter Verein und beim Württembergischen Brauerbund aus. Da sparen wir auch einen ganz schönen Betrag. Dem konnte ich nicht widersprechen.

Kleine Rückblende: Auf Kosten von Schwaben Bräu besuchte ich ein gelungenes Seminar in Stuttgart und Berlin über das Thema „Verkaufsleitung". Gerade dieses Thema wurde später bei der VkL-Sitzung angesprochen und kurz diskutiert. Man war sich im Einzelfall nicht im Klaren, wie man die EDV- Einzelprotokolle bezeichnen sollte. Dabei erinnerte ich mich, dass bei diesem Seminar immer wieder von einem „Kundenpass" gesprochen wurde. Eigentlich ganz simpel, doch als ich diese einfache Begebenheit in die Waagschale warf, war man darüber seitens des engeren Führungskreises begeistert: Für die Zukunft hießen diese Protokollauszüge dann einfach und klar definiert: „Kundenpass Mayer, Schulze oder Müller usw.". Turbulent ging es für mich im Unternehmen weiter, das heißt es kam einiges im Zusammenhang auf mich zu: Wahl in den Geschäftsführenden Vorstand der NGG-Gewerkschaft, Bezirk Stuttgart, Wahl in die NGG - Angestellten- und Tarifkommissionsausschüssen in Land und Bund. Da waren die Reisen zu den Sitzungen, Tagungen und Versammlungen in Hamburg (Hauptsitz), Köln, Frankfurt, Berlin, Mannheim, Ulm, Heilbronn, Aalen und ins nähere Umfeld programmiert.

Beim Bundesangestelltenausschuss oblag es mir, mit dem Gewerkschaftssekretär in Hamburg Wurster den allerersten Rahmentarifvertrag mit Erfolg auszuarbeiten.

Nicht so nebenher besuchte ich unsere Niederlassungen und Brauereien und berichtete je 9 Mal im Jahr über unsere Betriebsversammlungen im Stammhaus. Darüber hinaus kam später noch die Wahl zum ersten Stuttgarter Vorsitzenden des Württembergischen Betriebssportverbandes e.V. (WBV☐) dazu.

Diese Würde vertrat ich über 10 Jahre, vorher jedoch 1 Jahr als Stellvertreter und wurde danach zum Stuttgarter Ehrenvorsitzenden, sowie zum Ehrenmitglied des WBV e.V. ernannt.

Zur gleichen Zeit (1999) kam auch die Ehrenmitgliedschaft bei der SKG Botnang zum Tragen, ebenso die Ernennung zum Stuttgarter Sportpionier durch den Oberbürgermeister Schuster im Stuttgarter Rathaus. Schon vorher (1986) wurde mir vom damaligen Oberbürgermeister Rommel - in Vertretung des Bundespräsidenten Richard von Weizsäcker - das Bundesverdienstkreuz verliehen.

Etwas viel auf einmal, doch ein Privatleben gab es trotzdem und darüber möchte ich schon einiges erzählen.

Natürlich verbrachten wir auch vor den schon geschilderten Urlaubs unsere Ferien in der näheren Umgebung, im Schwarzwald in einer kleinen Pension im Städtchen Spessart.

Wir unternahmen fast jeden Tag eine Wanderung und zwar per Pedes, denn ein Auto konnten wir uns damals (1962) noch nicht leisten.

Birgit war gerade mal 5 Jahre alt. Jürgen blieb mit seinen 2 Jahren bei seiner Oma Emma und bei den Tanten Erne und Hannelore. Auch Gisela mit ihren 12 Jahren blieb zu Hause um eben das Botnanger Waldheim, mit ihren Freundinnen, zu besuchen.

Endziel war meist Zavelstein (mit bekanntem Turm) oder Bad Teinach. Auch mal eine längere Wanderung, wie nach Calw oder Bad Liebenzell, lag drin. Immer durch Wies, Wald und Feld ... bergauf, bergab. Dies war meist eine Zumutung für die kleine Birgit, aber sie hielt immer wacker und tapfer mit.

Dabei lernten wir, unter anderen, die Familie Metzger aus Möhringen kennen und wir amüsierten uns mit ihnen prächtig.

Abends saßen wir meist sehr gemütlich zusammen und planten zum Schluss für den nächsten Tag. Oft besuchten wir das kleine Teinacher Freibad am Rande des Ortes. Damals nur eiskaltes Wasser in den Schwimm- und Planschbecken. Das war nicht gerade angenehm zum längeren Verweilen.

Ansonsten war Birgit mit dem gleichaltrigen Sohn der Metzgers, Roland, sowie mit anderen Kindern vom Ort hauptsächlich in heimischen Kuhställen der umliegenden Bauernhöfe zu Hause. Ein Wunder war es schon, wenn wir sie jeweils am Abend sauber und geruchsfrei ins Bett bekommen haben.

Wasser und Seife reichten kaum aus, meist mussten wir mein Rasierwasser zur Hilfe nehmen.

Nach diesem Urlaub, zu Hause, pflegten wir mit den Metzgers noch lange Zeit den Kontakt und haben uns über die herrschsüchtige, schwer erkrankte Oma, im Rollstuhl sitzend, sehr gewundert.

Frau Metzger konnte ihr einfach nichts recht machen. Zugleich hatte sie noch einige Schwierigkeiten mit ihrem auf der Lunge erkrankten Ehemann zu verkraften. Dieser arbeitete in seiner Kellerwerkstatt an einem Grabstein für die liebe Oma. Dazu Frau Metzger: „Lass doch noch einen Platz frei für Deinen Namen!" Dies hatte ihn so auf die Palme gebracht, dass er den ganzen Stein total vernichtete. Kurze Zeit später starben sowohl die Oma, als auch der Gatterich. Dafür hätte man den Stein sicher gut gebrauchen können. Frau Metzger erwähnte nach der Beerdigung ihres Mannes zu Marianne: „Ich hab- die billigste Kiste für ihn ausgesucht, denn mehr hat er nicht verdient ... dieser gottverdammte Kettenraucher und sehr gute Bierverkoster ... in Gottes Namen! Ich werde sein Grab mit Bier begießen, damit er dort unten nicht verdurstet!"

Auch diese Urlaubsbekanntschaft ging mit der Zeit zu Ende.

Mit Birgit und Jürgen gingen wir nochmals sehr bescheiden in den Urlaub und zwar in den Bayrischen Wald nach Inzell, ganz privat in ein Bauernhaus. Erster Blickfang war für die Kinder ein einsamer Esel auf der anschließenden Wiese, den sie in der Folge über die ganze Urlaubszeit gehegt und gepflegt haben. Marianne half einige Male in der Küche der Bauersleute mit und lernte dabei das Rezept für die „Bayrischen Knödel" kennen, doch probieren durften wir diese leider nicht. Meist waren wir auf Wanderschaft in dem sehr schönen Umfeld oder am nahegelegenen Badesee zum Bootsfahren oder auch zum Baden, sofern uns schönes Wetter beschert wurde und das kam nicht oft vor.

Zugnummer war auch das in der Nähe gelegene neu gebaute Eisstadion. Dort verfolgten wir mit Interesse das Training, sowie eine große Veranstaltung der Eislaufstars. Auch dieser etwas andere, aber kurzweilige Urlaub ging leider zu Ende.

Wieder zurück in Fortsetzung unseres Privatlebens:

Mit der Betriebsfußballmannschaft Schwaben Bräu spielten wir einige Zeit später auf Gaisburgs Höhen gegen die Co op - Elf und anschließend saßen wir im Wangener Höhencafè im Freien gemütlich zusammen. Marianne und ich lernten dabei einige Konsum-Führungskräfte und den obersten Co op-Boss von Böblingen kennen. Im Gespräch ergab sich, dass die Firma derzeit gute Verkäuferinnen und Kassiererinnen suchte.

Marianne bekundete Interesse und wurde sofort zu einem positiven Vorstellungsgespräch in die Zentrale eingeladen. Alsdann arbeitete sie viele Jahre in der Filiale im Böblinger Einkaufszentrum an der Kasse auf den „grünen Schein" (halbtags netto für brutto). Nicht wie heute vollautomatisch, sondern die Preise und die Artikelnummern mussten auswendig und schnell einzeln eingegeben werden. So trug sie viel für unseren Lebensunterhalt bei. Während dieser Zeit (1972 bis 1977 und länger) konnte unsere Birgit ihren „Freiheitsdrang" nicht bändigen. Es zog sie in die Ferne (Mannheim, Heidelberg). In Mannheim dann heiratete sie ihren Freddy und kam - kurz gesagt – erläutert nach langer Zeit wieder ins Heimatland nach Böblingen / Stuttgart zurück.

Die Periode Co op war nicht allein Mariannes Beitrag zu unserem Leben. Eigens davor gab sie die Jobs als Fachverkäuferin beim Papier- Czech und als Sekretärin beim Lotteriegeschäft Gottwick auf und arbeitete für doppelten Lohn im Akkord bei der Firma Marwitz & Hauser zur Brillenherstellung. Auch als die Kinder noch klein waren und größer wurden, half sie bei der Lotterie Gottwick in Stuttgart des Öfteren aus. Ja, bis eben die Oma Emma nicht mehr konnte.   Die Oma starb mit 64 Jahren.

1973 gründete ich offiziell die Traditionself Schwaben Bräu (neben der Betriebsmannschaft) und wie konnte es anders sein, wir eilten von Erfolg zu Erfolg. Der Bekanntheitsgrad stieg gewaltig an, sowohl in unserem Ländle, als auch in ganz Deutschland, in Frankreich, Dänemark, Österreich und auch in der Schweiz. Eigentlich kein Wunder, da wir stets in der Lage waren Ex-Profis der Bundesliga, der 2. und 3. Liga bis hin zur Verbandsliga einzusetzen. Namen sind wohl Schall und Rauch, trotzdem will ich einige aus dem Stegreif nennen: Schlienz, Sawitzki, Waldner, Geiger, Holcer, Ettmeyer, Weidmann, Reiner, Adrian, H. Rühle, Sodermanns, Mall, Sieloff, Köppel, Stickel, M. Kurz, Arnold, H. Eisele, G. Eisele, L. Kronenbitter, Eberle, Schäffler, Schmeil, Kaiser, Schöck, H. und Kl. Steinle, Böhler, Böhringer, Fürther, Himmel, Gräter, G. Rühle, G. und W. Wolf, Höness, Breitner, Vohl und vielen anderen. Nicht vergessen will ich natürlich unsere Fifa-Referes und Schiris Kreitlein, Aldinger, Gebr. Walz, H. Wolf, Böckle und Mehring u.v.a. mehr.

Jetzt, so zwischendurch - beinahe hätte ich es vergessen - eine Begebenheit und zwar noch in der schlechten Zeit von Mutti bei der Lotterie Gottwick, nach der Geburt von Gisela im Jahre 1950 ... zum Schmunzeln.

Im Laden nebenan bei Gottwicks Mutter und auch für die Lotterie selbst gab es, man glaubt es kaum, keine Toiletten. Sekretärin Marianne samt Chef mussten zum Pinkeln an die Mauer im Hinterhof gehen, in den man von allen Seiten einsehen konnte, das natürlich öfters mit lautstarkem Lachen der Beobachter in der unmittelbaren Nachbarschaft verbunden war. War es dann einmal etwas „schwerer", dann ging es, bei starkem Verkehr auf den Straßen, zum Wilhelmsbau, ganz in der Nähe auf der anderen Seite, zu den öffentlichen Toiletten!

Nun weiter zu unserer neu gegründeten Traditionself, denn, wie schon kurz erwähnt, standen schöne Ausflüge zu Festspielen auf dem Papier. Sowohl nach Ribaueville und Rhinau in Frankreich, als auch nach Kopenhagen, aber auch die Abstecher in die Schweiz oder nach Hofstetten im Rheinland oder nach Berlin. Allesamt haben wir die Spiele gewonnen, doch die gesellschaftlichen Verbindungen waren höher einzuschätzen, eben durch unser gutes Auftreten, das sich auch in der Werbung für Schwaben Bräu niedergeschlagen hat.

Besonders möchte ich die Reise nach Dänemark hervorheben:
Im SSB-Bus und am Schluss noch per Schiff ging es kurzweilig bei guter Unterhaltung dem Ziel zu. Mit an Bord hatten wir die 3-Mann-Kapelle unseres Kollegen Peter Schubert.
Unser Fifa-Referee Rudolf Kreitlein hatte auf dem Schiff am steuerfreien Einkauf viel Freude. Er kaufte 3 kg Butter und hatte das Pech, dass bei der Rückfahrt die Klimaanlage im Bus, bei 30 Grad im Schatten, ausfiel. Nicht nur wir haben geschwitzt, sondern auch die Butter schmolz leider dahin.
Zurück: Von den Kopenhagener Taxi-Spieler wurde uns ein erstklassiges Büfett, u.a. mit Meeresfrüchten aller Art, am Abend des Spieltages geboten. Auch hier hatte unser Schiri Kreitlein seine Freude, saß nahe am Büfetttisch und griff fleißig zu.

Auch sonst wurde uns einiges dargeboten. Beste Organisation zu den privaten Unterkünften, für die Stadtrundfahrt und für die gesamte Bewirtung. Unser Fan Heinz Kleinbach hisste zum Dank und zur allerseitigen Freude unsere Schwaben Bräu-Fahne am Masten vor dem Vereinslokal. Wohl einmalig ... wir konnten zu unserem Festspiel zwei Schiedsrichter aufbieten. Die SG Taxi Kopenhagen hatten einen Schiri der Oberklasse bestellt, doch unser Fifa - Spezialist wollte unbedingt das Spiel leiten und so einigten wir uns, dass beide nur für eine Spielplatzhälfte zuständig ist. Dies hat ganz hervorragend geklappt und zwar ohne irgendwelchen Beschwerden und besonderen Vorkommnissen. Zum Dank hat unser lieber Rudolf am nächsten Morgen alle Brötchen, die für alle Teilnehmer zum Frühstück gedacht waren, für sich beansprucht. Er hat dieselben für zu Hause verpackt und nicht mehr herausgerückt. Kurz: Wir mussten mit einfachem Brot zufrieden sein.

Noch eine andere, nette Begebenheit mit unserem bekannten Referee, dann soll es genug sein, obwohl noch manches in dieser Richtung zu erzählen wäre. Unser lieber Rudolf Kreitlein leitete mit den Linienrichtern Heinz Aldinger und Hugo Böckle ein Festspiel, vor sehr vielen Zuschauern, auf der Schwäbischen Alb. Nach dem Treffen saßen wir im Garten der Vereinsgaststätte bei Speis und Trank auf Kosten von Schwaben Bräu zusammen. Unser großer „kleiner" Rudolf bestellte 3 Mal das gespendete Essen erster Kategorie. Auf meine Frage: „Warum 3 Mal?" Seine selbstverständliche Antwort war: „Für meine Frau, für mich und für unseren Hund." ... Basta!

Klasse auch unser Ausflug mit dem Bus nach Berlin zum Spiel gegen die Elf der „Berliner Kindl - Brauerei". Schon bei der Fahrt gab es Ärger auf der Autobahn. Es wurde ganz schön gebechert, so dass sie nicht ausblieb: „Die Pinkelpause!" Den Busfahrer bat ich, den nächsten Parkplatz anzufahren. Leider haben wir eine DDR- Ausfahrt erwischt und so kam, was kommen musste. Die Grenzer kamen und baten sowohl den Fahrer, als auch den Reiseleiter, mich, mitzukommen. Etwa 300 m vom Bus entfernt wurden wir ausgefragt und ausgequetscht. Dabei wurde uns immer die Maschinenpistole auf die Brust gehalten. Letztendlich hatten sie ein Einsehen, doch eine Passkontrolle von jedem Einzelnen musste einfach noch sein, bis wir nach 1 ½ Stunden grünes Licht zur Weiterfahrt bekamen.

In Berlin angekommen musste es schnell gehen, denn das Spiel wurde schon für den Vormittag, 11 Uhr, angesetzt. Das Quartier im Berliner Olympiastadion wurde bezogen und ab ging es zum Sportplatz. Dort mussten wir in der C-Jugend-Sportkleidung des Vereins spielen, denn unser lieber Antonio vergaß unseren Sportkoffer im Quartier. Nun, wir gewannen trotzdem mit 9: 1.

Unser „Gecke" (Gehard Rühle), schon gut angeheitert schoss immerhin 3 Tore, eine tolle Leistung!

Nach dem Mittagessen in der schönen Brauereigaststätte ging die Stadtrundfahrt über die Bühne. Der Abend stand dann zur freien Verfügung und nach dem reichlichen Frühstück in der Kantine der Brauerei wurden wir zur Brauereibesichtigung eingeladen. Zum Abschluss, wiederum in der Kantine, wurden wir, nach dem Mittagessen, mit herzlichen Worten seitens der Geschäftsleitung und des Betriebsrates verabschiedet. Der BR-Vorsitzende bedauerte, dass unser BR-Vorsitzender nicht dabei sein konnte. Dem widersprach ich natürlich und erwiderte, dass dieser sogar mitgespielt und 2 Tore vorbereitet hat. Nämlich ich. Die Aufklärung brachte Klarheit. Kollege S. H. stellte sich bei einem privaten Besuch als Betriebsratsvorsitzender der Stuttgarter Brauerei Schwaben Bräu vor, wie schon bei Kollegen aus der Wuppertaler Brauerei. Dazu folgt zur Info der „Extrabericht"!

Um diese Zeit erhielten wir im Betrieb Besuch aus der DDR und zwar vom Büro für Gewerkschaftsarbeit und Auslandsbeziehungen.

Wir führten die Delegation durch den Betrieb und kamen im BR-Sitzungszimmer zum regen Meinungsaustausch zusammen. Schön war es, dass wir zu einem Gegenbesuch eingeladen wurden. Der Papierkrieg wurde gemeistert, am Ende klappte der Tripvorschlag und es ging einige Wochen später mit einer kleinen Abordnung gen Dresden.

Bei der Grenze waren unsere 3 Pkws gemeldet und wir hatten sofort - trotz der riesigen Warteschlange - freie Durchfahrt. Im Hotel wurden wir sehr freundlich begrüßt und in 2-Bett-Zimmern untergebracht. Mein Bettnachbar war unser 2. Vorsitzender, Braumeister Siegfried Bachl. Nach einem kurzen Imbiss starteten wir zur Stadtbesichtigung. Vieles war noch vom Krieg her zerstört. Natürlich waren 2 Stasi-Spitzel immer dabei. Diese konnten wir aber zur angeblichen Bettzeit in die Irre führen und eine Bar ganz in der Nähe aufsuchen. Gleich wurden wir - Bachl, Kleinbach und ich - als Westler erkannt und entsprechend umschwärmt.

Wir verbrachten recht schöne Stunden. Am frühen Morgen - vor dem Frühstück - machten wir noch einen Abstecher durch das in der Nähe gelegene Kaufhaus. Es gab sozusagen alles zu kaufen, nicht aber mit der großen Auswahl wie bei uns im Westen. Bei unserer Rückkehr wurde vor unserem Hotel von etwa 150 jungen Männern und Frauen gegen das DDR-Regime und für den Westen demonstriert.

Alle Achtung für den Mut der Teilnehmer!

Aufbruch. Die Fahrt ging durch den bekannten Regenwald. Zwischendurch machten wir an einem besonders schönen Plätzchen eine Pause und genossen die herrliche Aussicht. Dann ging´s weiter zum Endziel: Görlitz an der Tschechischen Grenze.

Dazwischen etwas anderes, beinahe hätte ich es vergessen:

Im Dresdner DDR-Schulungszentrum wurden wir ganz selbstverständlich zu einer Info-Veranstaltung eingeladen und waren gespannt auf das was kommt. Als wir Platz genommen hatten, kamen drei dezent, dunkelgekleidete Funktionäre mit dicken Aktenkoffern und nahmen auf der erhöhten Plattform Platz. Nach der Begrüßung hörten wir uns die Lobhudeleien über und für die DDR - wie erwartet -, sowie über die sehr gute Jugendarbeit (mit Sicht aufs Stadion) in Ruhe an. Dazu meldete ich mich zu Wort und meinte, dass mir die ganze Darstellung sehr bekannt vorkommt, da ich die „Vorzüge" ja genügend beim Deutschen Jungvolk und bei der Marine-Hitlerjugend im Tausendjährigen Reich bereits miterlebt habe. Eine ganz kurze Antwort: „Da wurde der Krieg vorbereitet, bei uns wird für den Frieden gearbeitet!" Dann war Funkstille. Die Herren packten ihre Köfferchen zusammen und verschwanden lautlos, ohne Gruß!!

Im Anschluss daran haben wir dann kurz darüber diskutiert und Kollege Günther Stickel, als Sprecher, machte mich zur Schnecke, denn dies alles hätte ich hier nicht sagen dürfen. Ich habe es aber gesagt und hoffte, dass uns dadurch keine Nachteile entstehen würden. Wir bekamen keine, es sei denn, dass die „Schnüffler" noch besser auf uns aufpassten.

Zurück: In der Görlitzer Brauerei wurden wir sehr herzlich und freundlich begrüßt und aufgenommen. Zuerst wurden wir zu einem kleinen Imbiss eingeladen und anschließend durch den Betrieb geführt. Was wir da gesehen. haben, war eine einzige Katastrophe:

Die Gefäße und Leitungen waren meist total verrostet. Bier entwich da und dort. Von Sauberkeit keine Spur ... und das in einer Brauerei mit rund 40.000 hl Ausstoß im Jahr. Wir waren echt entsetzt. Trotzdem mundete uns das Görlitzer Bier bei der organisierten Abendveranstaltung nicht schlecht. Es wurde getanzt und geschunkelt bei guter Musik einer 2-Mann-Kapelle, obwohl der „Trennstrich Ost / West gedanklich zu spüren war. Auf der einen Seite saßen die Ostler, auf der anderen Seite die Westler. Es war eben Vorsicht geboten.

Heinz Kleinbach und Erich Matusik versuchten etwas Stimmung in den Laden zu bringen, das „zur Verbrüderung" größtenteils auch gelang. Jedenfalls ging an diesem Abend keiner ganz nüchtern in die Falle. Erich machte als Einziger Bekanntschaft mit einer netten jungen Frau, die er in der BRD weiter fortführte und vertiefte.

Am nächsten Tag war eine Stadtbesichtigung vorgesehen. Diese wurde allerdings von den zuständigen Behörden kurz und bündig verboten. Warum ... das wissen nur die Geier!

Zum Trost erhielt jeder von uns bei der Verabschiedung durch die Geschäftsleitung und durch die etwa 40-köpfige Belegschaft ein „Görlitzbuch mit Widmung" als Abschiedsgeschenk und zur Erinnerung. Frohgemut traten wir also die Rückreise an. Für mich leider, leider nicht, denn durch die Grenzbeamten wurde nur mein „liebes Autole", ein Mercedes 200, total, sogar mit allen Sitzen, ausgeräumt. Wahrscheinlich war dies die Strafe auf meine Kritik im Dresdner Schulungszentrum. Schwierig war das Einräumen, doch wir haben es gemeinsam geschafft und konnten unsere Heimreise fortsetzen.

Wenn ich schon mal bei unseren Ausflügen bin. Wir haben die Einladung aus Wuppertal und Mainz angenommen und nicht bereut. Beide waren für uns erstklassige Erlebnisse.

Unser Festspiel gegen die Königsbacher Brauereielf verloren wir ganz kläglich mit 0:4 Toren. FIFA-Referee Heinz Aldinger war echt sauer über unseren erbärmlichen Auftritt. Er drohte uns, nie mehr für die SG Schwaben Bräu zu pfeifen. Gott sei Dank traf diese Drohung zukünftig nicht ein. Für die Übernachtung wurde wohl in den Räumen der Brauerei (direkt am Rhein) gesorgt, doch wir feierten bis in den Morgen hinein das traditionelle Fest am Eck von Rhein und Main mit den Einheimischen und den Königsbachern Spielern. Das war einfach spitze!

Nach dem Frühstück war bereits die Heimreise geplant, die wir auch zügig - die meisten Sportkameraden, außer dem Fahrer, schlafend - hinter uns gebracht haben.

Auch der Wuppertal-Ausflug - wie schon erwähnt - war ebenfalls, so kann man sagen, beste Klasse. Weniger das Spiel, das wir bei Regen und Sturm knapp für uns entscheiden konnten, sondern der Empfang, die Stadtrundfahrt, teils mit dem O-Bus, teils mit der Schwebebahn. Das abendliche Festbankett mit einem prima Programm, organisiert vom Betriebsrat der Brauerei, war erste Sahne und hätte nicht mehr besser sein können. Mit Recht waren wir begeistert, sodass wir diese Tage sicher nicht vergessen werden.

Unsere gegenseitigen Treffen mit den beiden französischen Vereinen, Ribeauville und Rhinau, habe ich bereits erwähnt. Diese waren vielleicht die Höhepunkte aller vergangenen Zeiten und es muss nicht näher daran erinnert werden. Da hat einfach alles gestimmt: Die Gastfreundschaft, die Resonanz zu den Spielen in freundschaftlicher Verbundenheit, die Aufmerksamkeit und Betreuung vom Präsident bis zum letzten Spieler, sowie zu den Fans und Zuschauern.

Weitere Höhepunkte waren die Einladungen nach Hofstetten in der Pfalz durch unseren Verkaufsdirektor Erich Raither. Was uns da geboten wurde, war ebenfalls erstklassig. Wir bedankten uns dafür durch unsere Spiele, mit bekannten Ex-Profis und Schiedsrichtern, die wir gegen die erste Mannschaft der Oberliga, dem SV Villingen/Schwenningen, sowie auch gegen die Heimelf, dem FV Hofstetten, immer gewonnen haben. Auch unser Auftreten verschaffte uns große Sympathie. Eines darf noch gesagt werden. Unser lieber Erich wollte im Festzelt eine Rede halten. Dazu stieg er auf die Sitzbank, doch plötzlich war er weg und lag unterm Tisch mit seinem „Äffle". Seine Frau Ingrid meinte dazu: „Isch´er net goldig mai Erichle?"Ich übernahm dann den Part.

Nun ... vorerst genug vom Sport. Die ganze Geschichte über die gesamten Spiele unserer Betriebssportgemeinschaft Schwaben Bräu- und Traditionself kann man ja, sofern Interesse besteht, in den Jubiläums- und Jahresbroschüren (die letzte genügt in der Regel) nachlesen.

Wichtig ist jetzt wieder einmal die Familie und das drum herum und das weitere Geschehen bei meinem Arbeitgeber, der Schwaben Bräu Rob. Leicht AG.

1966 stand allerdings vordergründig unser Umzug von Botnang, Vaihinger Landstraße 21 zur Debatte. Dort wohnten wir immerhin über 17 Jahre. Unsere Hausbesitzer Dannemann / Eisenmann haben Eigenbedarf angemeldet.

Wir haben daraufhin eine Wohnung in Böblingen, Goerdelerstraße 7, übers Stuttgarter Wohnungsamt, angeboten bekommen. Nur dieser Weg war damals möglich.

Zu Anfang hatten wir Schwierigkeiten, da ich für diese Wohnung, 4 Zimmer, Küche, Bad und Balkon der GAGFA, zu viel verdient habe. Unser Vereinsvorsitzender der SKG Botnang, Stadtrat Hofstetter, half uns aus der Patsche und wir konnten in den Neubau einziehen. Sogar Stockwerk und Lage der Wohnung konnten wir uns plötzlich aussuchen. Siehe da: Der Buchstabe „B" hat uns doch genützt.

Bald kam die nicht erwartete Hochzeit unserer Gisela mit Axel, die Nachwuchs erwarteten. Es wurde beim bekannten Gastronomen Bruder in Bad Cannstatt gefeiert. Gertrud, die liebe Schwiegermutter, war gar nicht damit einverstanden, doch ohne Zustimmung unsrerseits war für sie nichts zu machen. Trotzdem und sehr gelungen ging die offizielle Hochzeitsfeier über die Bühne. Beim Standesamt ging es vorher allerdings etwas unruhiger zu. Die Schwiegermama konnte sich einfach nicht beruhigen, doch auf die Hilfe von Untermieter „Onkel" Paul, von Ehemann Walter, von Marianne und meiner Wenigkeit konnte sie nicht bauen.

Anschließend in der Gaststätte Ketterer war die Stimmung dementsprechend eher gedrückt.

Über die kirchliche Trauung wurde bei den Nachbarn angeblich nichts erwähnt, doch alle saßen zur Überraschung vollzählig in der Kirche.

Axel, Obergefreiter der Bundeswehr, Fallschirmjäger, zog bei uns ein und Andi kam trotz aller Unkenrufen gesund auf diese Welt. Vor weit, weit über vierzig Jahren, man glaubt es kaum.

Vorher: Axel war in der Kaserne bei Nagold stationiert. Es ergab sich so, dass ich ihn oft mit dem Pkw abgeholt oder hingefahren habe. Dadurch lernten wir uns näher kennen. Wir verstanden uns ohne vieler Worte recht gut. Nach der sogenannten Entlassungsfeier kam unser Axel - nun Ex-Bundeswehrler - mit einer freudigen Überraschung nach Hause. Mit einem sehr saftigen Entlassungsgeld!

Wie es halt so kommen musste. Wir waren viel miteinander unterwegs. Meist mit unserer Betriebs-Fußball-Mannschaft. Immer, wie damals so üblich, saßen wir nach den Spielen bei Speis und Trank gemütlich zusammen.
Wir, Axel und ich, hielten uns stets zurück. Wir waren immerhin gewisse Vorbilder und kamen so bei unseren Heimfahrten im eigenen Pkw, meist zur späten Stunde, wohlbehalten zu Hause an. Wir arbeiteten wirklich gut zusammen, d.h. mein Schwiegersohn hat sich als mein Assistent bestens eingeführt und wurde und wird noch heute von den Sportkameraden hoch geachtet.

Vergessen können wir nicht die Zeit bei Hugos nettem und gemütlichen Lokäle in Herrenberg. Wir feierten dort passend bei jeder Gelegenheit. Es wurde gelacht, gesungen und getrunken, sowie bestens gevespert oder gespeist. Z.B. meist den erstklassen Rostbraten. Gute „Viertele" wurden probiert, eben auf Anraten des Wirts, immer mit einem wohlklingenden, echt schwäbischen

„H ... ... M" das in etwa so hieß: „Hervorragend mai Lieaber".

Gertrud war in vorgerückter Stunde sogar so keck und holte aus dem Weinkeller Hugos besten Wein, für ihn sehr ärgerlich, zum sofortigen Verzehr! In der Tat, es war ein köstlicher, nicht alltäglicher, guter Tropfen. Köstlich war aber auch beim 80. Geburtstag von „Onkel Paul", dem Untermieter und Mitbewohner von Walter und Gertrud, die dargebotene Ochsenschwanzsuppe mit allem Drum und Dran! Allgemein gelobt von allen Gästen, sie hat einfach herrlich gemundet (das Geheimnis von Hugo). Bei dieser Gelegenheit wurde auch den alkoholischen Getränken kräftig zugesprochen. Die Unterhaltung kam bestens in Gang. Über Gebühr wurde sogar die Küche stark in Anspruch genommen und vieles durcheinander gebracht. Sehr zum Leidwesen der Wirtin, Frau Katz, Hugos besserer Hälfte.

Noch zwei Episoden zu Hugos Zeiten:
Unsere Besuche in Herrenberg wurden im Lokal immer sehr positiv registriert. Mehrere Stammtischler und Stammtischlerinnen gesellten sich zu uns. Dabei gaben sie manchmal unheimliche Geschichten in der Runde zum Besten.

So zum Beispiel hat sich der „Schorsch" etwas ganz Unglubliches ausgedacht und auch durchgeführt. Er legte sich, schwer krank, ins Bett und bat die Familienangehörigen um Hilfe zur Pflege für mehrere Wochen oder gar Monate, eben bis zu seinem baldigen Tod. Zuerst war einige Zeit Funkstille, dann aber kamen die Anrufe der lieben Verwandten nacheinander und alle sagten mit irgendwelchen Argumenten ab.

Nur eine Enkelin, die sich nie besonders hervorgetan hat, meldete sich im positiven Sinne bei ihm und pflegte ihn daraufhin mit großer Hingabe mehrere Monate lang.

Er, der Schorschi, so nannte man ihn, spielte die Rolle mit ganz großer Schauspielkunst und auch mit etwas Komik in der Sache. Dann aber war es genug und er wurde gesund und munter. Die ganze „bucklige Verwandtschaft" wurde enterbt und die bescheidene Enkelin zur Alleinerbin eingesetzt.

Nach einem guten Jahr starb unser „Schauspieler Schorsch" dann doch und die Erbin freute sich, dass sie so unverhofft zum Reichtum kam.

Ab und zu saß auch ein Jungspund, der Heinz, bei uns am Tisch und der Alkohol tat ihm sichtlich nicht immer gut. Wegen der „lieben Leber" kam er ins Krankenhaus nach Nagold. Der Chefarzt sprach ihn, im Zusammenhang mit seiner Krankheit, als Alkoholiker an. Da wurde Heinz aber narrisch und antwortete wutschäumend: „Des sagsch no oimal, dann heb´ i di zum Kreuzstock naus!" Halt ein echter Schwabe! Dieser Spezi lebte nicht mehr lange und starb, nicht mal 40 Jahre alt.

Merke:
Zu viel Alkohol tut niemand, doch ein Glas Bier zum Vesper sei - in Ehren - immer erlaubt und tut sicher der Gesundheit gut!

Die Siebziger, Achtziger und Neunziger Jahre waren auch die Jahre der Urlaubsreisen. Wie sagte einst Oma Marianne zu meinem Vorschlag, unser Geld in einen Bausparvertrag zu investieren „Nein, wir machen lieber Urlaub, davon haben wir etwas!"
Pfeifendeckel ... besser wäre gewesen, beides zu tun. Wir verbrachten zu Anfang unsere sicher nötigen Ferientage in der Nähe, in Oberhaugstett, im Löwen, bei der Familie Rudolf und Ilse Blaich. Meist war ich dort allerdings *alleine* unterwegs. Oft zum einen im Mineralbad in Bad Teinach und zum andern beim Tennisspielen mit der Frau des Neubulacher Bürgermeisters Siegfried Luz. Das alleinige Wandern, auch mal mit den Stammtischlern, zum Beispiel an den Vatertagen, machte mir riesigen Spaß.
Warum meist allein? Nun, weil Marianne immer in der „Löwenküche" ausgeholfen hat ... ganz einfach.

Auch dieser Spuk war Gott sei Dank einmal zu Ende bei der nach-folgenden Begebenheit: Die liebe Marianne kam nach der Mittags-zeit sehr verschwitzt mit stark geschwollenen Beinen und Füßen aus der Küche zu mir und zu unseren Freunden, Fritz und Inge Pross, an den Tisch und jammerte: „Ich kann nicht mehr!" Darauf-hin sprach ich ein Machtwort aus, mit starker Unterstützung von Inge: „Sei doch nicht so blöd, das hast du doch gar nicht nötig!" Dies hat gefruchtet und wir konnten öfters gemeinsam in der nähe-ren und weiteren Umgebung von Neubulach, sowie im näherlie-genden Schwarzwald etwas unternehmen.

Allerdings feierten wir Jahr für Jahr im Löwen mit Jürgen, Ute, unserem Enkel Oliver und Freunden, unter anderem mit Heinz und Annemaria Kleinbach, mit Hugo und Margot Böckle, mit Paul und Else Maisch und diversen Hausgästen den Übergang von Silvester zum Neuen Jahr. Immer läutete Paul ab 23.30 Uhr mit seiner gro-ßen Glocke den Silvesterabend ein. Natürlich wurde, ebenfalls im-mer, getanzt, gelacht, kurzum fröhlich und heiter bei guter Musik das neue Jahr eingeleitet.

Einmal, gerade 6 oder 7 Jahre alt, war unser Oliver ganz in sei-nem Element. Er durfte bei den Blaichs den „Kellner spielen" und das mit Erfolg, denn stolz wies er jeweils auf sein „Trinkgeld" hin. Es versteht sich natürlich, nur mit Krawatte oder Fliege ... seinem Steckenpferd. Auch bei den Ausflügen war unser Enkel Nr. 3 ganz in seinem Element und trabte uns allen stets voraus, um zu erkunden was uns bevorstand.

Vorher und nachher widmeten wir uns unserer Enkelin Tanja, die viel Zeit bei uns verbracht hat.

An einem Abend (Tanja war 7 Jahre alt) saß ein Stammtischler stark betrunken bei uns am Tisch. Tanja sah dies und sagte zu die-sem auf mannheimerisch: „Geh, doch hem en dai Bett en deim Rausch."

Dieser, noch junge Mann, packte anstandslos seine Sachen und ging. Die Stammtischler waren begeistert: „Das ist noch keinem von uns bei diesem Burschen gelungen!"

Weiter mit Tanja -weils so schön war - die ja auch, wie gesagt, bei uns in Vaihingen sehr oft geparkt hat.

Wir, Oma Marianne mit mir, waren uns einig: Tanja war für uns keine Belastung, eher eine Bereicherung. Wir hatten viel Freude mit ihr, so dass sie auch mehrere Urlaube mit uns verbringen durfte.

Schon zu Anfang in Oberhaugstett - sie war sehr lebhaft und aufgeschlossen- hat sie mich ganz schön gefordert. Sei es beim Freizeitsport oder auch bei längeren Spaziergängen.

Am Ortsrand, bei der Oberhaugstetter Festhalle war ein kleiner Sportplatz. Dort vergnügten wir uns oft mit einem kleinen Ball beim Ballweitwurf oder mit einem großen Ball entweder beim Fußball- oder Handballspiel. Allerdings hatte ich beim Weitsprung in die Sandgrube Ärger mit ihr. Sie verpasste laufend - vor lauter Angst- den richtigen Absprung, sodass ich nach mehreren Versuchen entnervt aufgab. Beim 100 m-Lauf ging es dafür, Gott sei Dank besser. Natürlich war ich, wie immer ... ganz klar, der Sieger.

Wieder daheim. In der heimischen Umgebung war Tanja lieb und sehr gutmütig. Sie wartete immer auf ihren Opa, bis der von der Arbeit nach Hause kam. Es versteht sich mit dem Auslegen von Mosaiksteinchen, damit eben die Zeit schneller vergeht.

Manchmal wurde die „Schlange" sehr lang, denn es wurde bei mir oft sehr spät und die liebe Oma war eher diejenige, die sich darüber geärgert hatte.

Bei einem Spaziergang mit Tanja im Büsnauer Wald - Richtung Katzenbacher Hof - wurde ich von einem Spaziergänger angesprochen: „Ist die Kleine eine Tochter von einem Schaich wegen ihrem dunklen Teint und den schwarzen Haaren"? Meine Antwort war kurz und bündig: „Schön wärs" und wir gingen weiter.

Mit Tanja waren wir oft während den Ferienzeiten unterwegs:

1 x Oy / Allgäu, 4 x in Scheidegg, 2 x in Bad Griesbach und 4 x in Tittling, sowie 2 x in St. Peter Ording. Allesamt waren es sehr schöne Urlaubstage, die wir, auch Tanja in guter, angenehmer Erinnerung bis zum heutigen Tag bewahrt haben.

Im Luftkurort Oy bezogen wir, Ute, Jürgen mit Oliver, Oma Marianne mit Tanja und ich, eine Ferienwohnung, direkt an der Hauptverkehrsstraße, Richtung Füssen. Aus diesem Grund konnten wir die Kinder nicht alleine auf die Straße lassen. Es ergab sich so, dass die lieben Kleinen - Tanja als „Mutti" – auf die Durchgangsterrasse, mit Betonboden, ausweichen mussten. Somit versteht sich wohl, ohne Krach ging es halt nicht, trotz vieler Ermahnungen unsrerseits.

Prompt kamen die Beschwerden der übrigen Urlauber im Haus. Gottseidank konnten wir dies größtenteils überbrücken, da wir meist bei gutem Wetter mit dem Pkw, zu Fuß, mit dem Bus oder zum Freibad unterwegs waren.

Das dem Haus angeschlossene kleine Hallenbad haben wir deshalb auch nicht konfrontieren können. Beim Abschied ließ der Verpächter uns deutlich wissen, dass er im nächsten Jahr uns, bei einer evtl. Anfrage, nicht aufnehmen würde.

Vor Oy machten wir - wie schon erwähnt - mehrere Male Urlaub in Scheidegg, jeweils mit Kurrezepten von der Krankenkasse zur gewissen „Runderneuerung". Im ersten Jahr wurden wir vom Kurarzt untersucht und für die Kur würdig befunden mit dem Resultat:

Ich war mit 71 kg bei 1,76 m zu dick und Oma Marianne war mit 53 kg bei 1,65 m zu dünn!

Im selbigen Jahr bekamen wir ein Zimmer direkt neben dem Aufzug, der Tag und Nacht in Betrieb war. Da war „Feldwebel" Marianne in ihrem Element und beschwerte sich, sehr temperamentvoll, bei der Hotelleitung, die sich dann, sehr beeindruckt von ihrem Auftreten, mehrere Male entschuldigte und uns privat im Hotel - offiziell war alles ausgebucht - in einer kleinen, schönen Wohnung untergebracht haben.

Doch auch hier gab es Stuss.

Die Wohnungsinhaber, ein älteres Ehepaar, verlangten von uns zu Anfang die Bezahlung einer PC-Reparatur, obwohl wir noch keine Sekunde das Gerät eingeschaltet hatten. Auch dies regelte meine Gattin in ihrer besonderen angenehmen Art. Daraufhin saßen wir dann sehr oft mit den Beiden friedlich bei einem guten Viertele zusammen. Man kann sagen: „Nach dem Gewitter immer eitel Sonnenschein."

Die folgenden Jahre waren dort für mich und Frau mit den verschiedensten Anwendungen wie z.B. Gymnastik im Freien und im Wasser, Einzelanwendungen bei starkem Abspritzen mit kaltem Wasser oder mit den Moorbädern in der etwas größeren Badewanne und vielem mehr, voll ausgefüllt.

Mit der Beaufsichtigung von Tanja wechselten wir uns - wie schon erwähnt - gekonnt ab.

An einem besonders schönen Tag gingen Tanja mit Omi auf der Promenade spazieren. Plötzlich verspürte Tanja Hunger und Beide kehrten in ein gemütliches Lokal ein. Es kam die Frage auf: „Was möchtest du denn gerne essen?" Die Antwort: „Natürlich Pommes Frites mit Ketschup ... was denn sonst?" Die Bestellung wurde schnell ausgeführt, doch Tanja hatte plötzlich keinen Hunger mehr. Die liebe Oma hatte noch Erbarmen und langte selbst zu. Tanja danach: „Ich möchte lieber Spargel mit feiner Soße." Die Bestellung wurde auch hier schnell ausgeführt. Doch Tanja hatte wiederum keinen Hunger. Die Omi war genervt. Doch zum netten Abschluss verweigerte Tanja noch die Bestellung von Torte mit Sahne und wollte dafür ein Eis mit Sahne. Das war zu viel für die nicht mehr liebe Großmutter. „Jetzt gehen wir ins Hotel zurück" und nach dem empörten Widerspruch versohlte sie der lieben Kleinen erstmal den Hintern. Einer Miturlauberin, die vorbei ging, störte diese Vorgehensweise sehr und rief der Oma Marianne lautstark zu: „Sie unvernünftige Person. So schlägt man doch ein Kind nicht!" Unverhohlen war die Antwort von der „bösen" Oma: „Das hat noch keinem Arsch geschadet", nahm die heulende Tanja an der Hand und ging von dannen ... Richtung Hotel.

Ab und zu ging ich in die Sauna. Die kleine Tanja wollte unbedingt mal mit. Ich fragte die „Saunatier" ob sie einverstanden sind, wenn das Kind dabei ist. Alle waren einverstanden und es ging auch ganz gut. An einem Abend saßen wir beim Abendessen ganz in der Nähe der Eingangstreppe. Plötzlich rief Tanja: „Oma guck mal! Der Mann, der gerade die Treppe raufgeht hat ein ganz kleines Ding unten!"

Dies war unüberhörbar und die Gäste in der Umgebung lachten typisch hinter vorgehaltener Hand. Sogar von hinten sahen wir, wie der Betroffene knallrot vor Verlegenheit wurde.

Zusammenfassend steuerten wir auch noch andere Urlaubsziele an, wie ich teils schon darüber kurz berichtet habe. Es ging ja auch zweimal an die Ostsee, nach Sankt Peter-Ording, in den Schwarzwald und ins Allgäu, eben nach Muggenbronn, Hintertux, Grießbach, Going, Murnau, Sankt Johann, Lam, Herrenalb und natürlich mehrmals ... zu unserer lieben Grete Baumann ... nach Tittling.

Dazwischen einige lustige Episoden „in Nostalgie" früherer Urlaubszeiten:

In den Fünfzigern machten wir Urlaub in Going am Wilden Kaiser in Tirol. Wir wurden zum Gala-Abend beim Stanglwirt, dem besten Lokal am Platze, eingeladen. Vorschrift war gepflegte, dezente Kleidung. Jedenfalls war „Propeller", zumindest Krawatte Vorschrift. Es ging sehr vornehm zu. Bei angenehmer Musik wurde getanzt. Auch ein 5-Gänge-Menü fehlte nicht. Rundherum benahmen sich fast alle Gäste sehr steif und, wie gesagt, sehr vornehm.

Dann passierte mir etwas sehr Unpassendes. Mich reizte, neugierig wie ich nun mal war, die mir unbekannte Flasche auf dem weiß gedeckten Tisch, drückte auf den Verschluss und das nicht erwartete Unglück geschah. Der Wasserstrahl traf ausgerechnet eine hipmoderne Dame mittleren Alters im Abendkleid mit hochgesteckten superblonden Haaren. Unwillkürlich schrie sie vor Schreck laut auf und fiel beinahe in Ohnmacht ... eben nur beinahe. Alle Gäste blickten, bei plötzlicher Stille, auf mich, sodass ich mich wohl oder übel entschuldigen musste, aber das Lachen hinter vorgehaltener Hand konnte ich mir nicht verkneifen. Sehr zum Ärger meiner lieben Frau.

Wie heißt es so schön: „Wenn Blicke töten könnten."

Ein Jahr später waren wir nochmals am Fuße des Wilden Kaisers, in Elmau, zu Gast. Unsere Bleibe war zwei Wochen lang ein bescheidenes Hotel, nahe der Bundesstraße. Zu bemerken ist dazu, dass unser durchgehender Balkon auf Augenhöhe dieser Straße lag. Der starke Verkehr störte uns rein gar nicht. Es war halt Tag und Nacht sehr laut.

Wir lernten dort ein junges Paar, Otto und Gerda, kennen, mit dem wir einige Unternehmungen geplant und auch durchgeführt haben. Otto war ein offensichtlicher Geizhals, das wir mehrmals zu spüren bekamen. Einmal machten wir uns zu Fuß nach Kitzbühel auf den Weg, um dort Spaß beim Baden im Schwarzsee zu haben. Es war herrlich. Zwecks Heimkehr kam die Frage auf: Bus oder Fußmarsch?

Otto schlug vor: „Einkehr und Rückkehr zu Fuß oder nur Rückkehr per Bus." Marianne, meine Befehlshaberin, und meine Wenigkeit entschieden uns fürs erstere und Otto mit Freundin für den zweiten Vorschlag. Alles recht und gut, wenn eben der Otto während der Zeit am See nicht gesagt hätte, dass er den Hotelschlüssel verloren und nicht mehr gefunden hat. Wesentlich später kamen wir naturgemäß im Hotel an und - oh Schreck - unser Schlüssel an der Tafel war weg. Marianne schwor, ihn dort aufgehängt zu haben. Dabei erinnerte sie sich an den Ausspruch von Otto, dass sein Schlüssel auch für unser Zimmer passen würde. Er leugnete und am

Ende waren wir die Dummen.

Wie oft hörten wir wohl vom Gerdale: „Ach Ottel", zum Beispiel, wenn die Handelsschülerin um - wie so oft - 5 oder 10 Pfennig für ein Schulheft oder um andere Utensilien bettelte. Kategorisch sagte Otto immer kurz und bündig „Nein!"

Ich habe mich stets ihrer erbarmt und ihr jeweils die wenigen Pfennige geschenkt. Ein anderes Vorkommnis. Otto und ich kauften uns je eine Flasche Enzianschnaps. Ich stellte mein Getränk auf den kleinen Tisch, direkt am meist offenen Fenster, in den Schatten (wegen der Hitze). Der liebe Otto nützte diese Gelegenheit und trank, vom Balkon aus, fleißig aus meiner Flasche. Bis wir ihn endlich dabei erwischt haben, war meine Flasche so gut wie leer und die seine noch ganz voll. Er machte sich nichts daraus.

Zum Abschluss noch ein weiterer dicker Hund. Bei einer planmäßigen Omnibusfahrt ins Blaue kehrten wir zur Hälfte der Zeit zum Essen in eine Gartenwirtschaft ein. Otto erklärte uns großspurig, dass man um die Bezahlung herum kommen kann und zwar dadurch, wenn man den Kellner zum Kassieren an den Nachbarstischen sieht, dann aufs Klo geht, um danach irgendwie das Weite zu suchen. Prompt kam die diesbezügliche Gelegenheit fürs Ottole. Die Kellnerin kassierte am Nachbarstisch. Otto wollte aufstehen und verschwinden. Er hat allerdings nicht mit Marianne, meinem energischen Weible, gerechnet, die ihn kurz entschlossen zurückhielt mit den Worten: „Bürschle, do bleibsch du sitza ond zahlsch dai Zech!"

Kein weiterer Kommentar!

In Stuttgart zurück wurden wir auch hier ins METROPOL (das es schon lange nicht mehr gibt) zur Herbstgala eingeladen. Auch hier war dezente Kleidung erwünscht. Gott sei Dank hatte ich mir kurz vorher einen „blauen Blazer", eine graue Hose und eine graue Krawatte leisten können. Diesmal war es sehr nett und ungezwungen. Es wurde viel getanzt und auch gut gegessen.

Zu Anfang war es für mich / uns sehr unangenehm, dass Kellner und Ober mich immer angestarrt haben und mit den Augen rollten, zumal ich doch ganz gemütlich während den Tanzpausen auf meinem Stuhl saß.

Endlich ging uns ein Licht auf und ich konnte das Übel „den Hemdzipfel, der sich aus meinem Hosenladen herauswagte." beseitigen.

Weiter zurückblickend: 1982 und 1983 gastierten wir - wie schon kurz erwähnt - mit Tania in Sankt-Peter-Ording an der Nordsee. Das erste Jahr - auf Vermittlung meines Kollegen, Braumeister Adolf Heuer - war alles andere als harmonisch. Wir bezogen wohl unsere Ferienwohnung in Tating, doch wir waren sehr, sehr enttäuscht. Uralte Möbel, Doppelbetten übereinander. Die Küche groß, ohne jeglichen Komfort und unser Zimmer für 3 Personen zu klein. Das Haus weitab vom Meer. Nachdem wir eingezogen sind, wollte ich es mir bequem machen und mich im einzigen vorsintflutlichen Sessel ausruhen ... hatte ich mir gedacht, doch dieser brach plötzlich zusammen und ich lag, leicht verletzt, auf dem Boden. Die beiden Stühle waren auch nicht viel besser.

Vorsicht war eben am Platze. Oma probierte recht vorsichtig die Betten aus und tatsächlich brach das eine, untere Bett ein. Gott sei Dank nicht das obere, das für Tanja bestimmt war. Morgens bekamen wir fürs Kaffeekochen nur von 9:00 – 9:30 Uhr warmes Wasser. Der Besitzer - ein alter Knacker mit Glatze - heizte dafür im Keller etwas mit Holz auf. Von der Ehefrau will ich lieber gar nicht sprechen. Eine alte Hexe, die nur Gift spritzte. Daraufhin suchten wir uns wohl ein anderes Quartier, doch wir fanden leider nichts Dementsprechendes.

Schön war nur die Landschaft rundum mit ihren recht ansehbaren Reetdach-Häusern. Das Wetter passte wie die „Faust aufs Auge". Immer recht mies. Doch wir mussten einfach raus, sehr oft bei Regen und Sturm. So auch beim Besuch der Schleuse am Eidersperrwerk. Beinahe wäre Tanja vom Winde verweht worden, wenn ich sie nicht ganz feste an der Hand gehalten hätte. Nur einmal konnten wir an den nicht gerade einladenden Strand gehen. Das genügte zur Abschreckung.

Doch dafür grasten wir ausgiebig die ganze Umgebung, bis zur Insel Sylt, ab. Ein Jahr später bezogen wir, ganz in der Nähe vom Strand Ording, mit der bezeichneten, bekannten Badestelle, eine schöne Ferienwohnung mit wildem Naturgarten den wir leider nicht benützen konnten.

Das Wetter machte mit, so dass wir den Strand öfters aufsuchen konnten. Nicht gerade angenehm war die Benützung des großen Deichparkplatzes, es versteht sich, nur gegen eine Parkgebühr.

Auf Sand ging es ganz schön weit hinein. Man musste höllisch aufpassen, dass man mit dem Auto auf Teilstrecken nicht stecken blieb, das uns tatsächlich zweimal passierte. Vom Parkplatz aus ging es weiter zu Fuß, noch eine lange Strecke, zum Strand, der nicht gerade übermäßig sauber war. Dazu kam noch, dass von 13:00 – 16:00 Uhr Ebbe war und wenn man schwimmen wollte, musste man rund 500 Meter im dreckigen Schlamm zum reinen, salzigen Meerwasser hinaus pilgern.

Natürlich konnte man sich auch in die Sonne legen und gemäch-lich auf die Flut warten um dann die Brandungswellen zu genießen. Die weitere Zeit nützten wir voll aus mit Brandungs- und Wattwan-derungen, mit Ausflügen zum Flugplatz und zu den Leuchttürmen.

Vergessen haben wir natürlich nicht den in der Nähe befindli-chen Nationalpark.

Ganz klar: Wir benützten öfters das Hallen/Wellenbad, das auch als „Freizeit- und Erlebnisbad mit Original-Salzwasser" bezeichnet wurde. Alle halbe Stunde meldete sich fürs Wellenbecken über den Lautsprecher die Badeleitung mit „Vorsicht Wellen!" Tanja saß vol-ler Angst am Beckenrand. Sie wollte die Wellen absolut nicht erle-ben.

Ich wurde mit der Zeit sehr wütend und warf sie einfach ins Was-

115

ser. Selbstverständlich passte ich gut auf, dass nichts passierte und sprang zur Sicherheit hinterher. Auf einmal hatte die liebe, kleine Tanja sichtlich großen Spaß an dem Vergnügen.

Omi Marianne lag derzeit bequem in ihrem Liegestuhl und wurde von ihrer Nachbarin angesprochen: „Sehen Sie nur wie das ungehobelte Mannsbild mit dem armen Kind umgeht, das ist ja fürchterlich!" Die zustimmende Antwort war: „Da haben Sie vollkommen recht ... so ein Schlamper!" Kein Wort, dass es ihr eigener Gatterich war.

Die meisten Abende saßen wir gemütlich im Wohnzimmer, haben gelesen oder Marianne las für Tanja aus einem Kinderbuch etwas vor. Auch wurde mal ein Glas Wein oder ein Gläschen Sekt getrunken.

Heimlich probierte Tanja, hinter unserem Rücken, neugierig die Getränke aus. Nachdem es ins Bett ging, kam die liebe Kleine gleich zurück und behauptete felsenfest, dass ihr Bett wackelt ... ja, so ist es halt mit dem ach so guten Alkohol!

Noch eines: Zum Frühstück schickten wir Tanja zum Bäcker, um frische Brötchen zu holen. Dazu sollte sie auch zwei. Flaschen Bier mitbringen. Heulend kam sie zurück: „Dia wissed net was a Bia isch." Wir schrieben es ihr auf und die Sache klappte.

Gut erholt traten wir diesmal die Heimfahrt an. Nicht vergessen darf ich, dass in beiden Jahren wir häufig zum Essen in die Kneipe von meinem einstigen Sportkameraden Heinrich Abraham gingen. Es verstand sich: Immer danach stand ein kleines Pils mit einem Korn auf dem Tisch.

* * *

Noch zwei lustige Anekdoten zum Gedenken an unseren Vater Rudolf (Babba genannt), der ja leider viel zu früh – mit 72 Jahren-verstorben ist.

Er wurde 1951 zum Treff seiner Schulkameraden, anlässlich des 50. Geburtstages, in den Stuttgarter Schlachthof eingeladen. Unsere Mutter wollte nicht dabei sein. Deshalb hat er meine bessere Hälfte mit mir gebeten doch mitzukommen.

Wir haben zugesagt, obwohl wir meinten: „Was haben wir bei den Alten eigentlich zu suchen?"

Triebfeder war der berühmte Schwäbische Humorist Albert Hofele - bekannt auch als Volksschauspieler und Opernsänger - als Gast, der mit verschiedenen Beiträgen zur recht guten Stimmung beitrug. Widererwarten war es deshalb sehr lustig, es wurde getanzt, gesungen, geschunkelt und auch einige gute Witze erzählt. Die Zeit verging wie im Fluge. Erst um 4 Uhr morgens kamen wir beschwipst heim.

Mutti Marianne und ich gingen gleich zu Bett. Papa rauchte wohl noch eine Zigarette. Da läutete es -es war ja draußen schon hell- und er machte in Großvater-Unterhosen mit Haarnetz auf dem Kopf die Türe auf. Wer stand wohl vor der Türe mit den Worten: „Wir sind die Zeugen Jehovas und bitten um Gehör!" Die Antwort war sicher nicht sehr höflich: „Was seid ihr? A... (nicht Armleuchter) seid ihr!" und schlug sehr heftig die Glastüre zu.

* * *

Die schöne Zeit der 80er-Jahre wurde 1986 jäh unterbrochen, eben durch eine sehr schwere Kopfoperation im Katharinenhospital, die, Gott sei es gedankt, recht gut verlaufen ist.

Wie kam es dazu?

Bereits im November 1985 wurde ich während einem Freundschaftsspiel gegen die Elf der Stuttgarter Berufsgenossenschaft Eisen & Stahl, das wir so nebenbei mit 10: 2 gewonnen haben, auf hart gefrorenem Boden im Stuttgarter Festwiesenstadion schwer verletzt. Ich habe einen jungen Spieler gekonnt umspielt, das dieser aber nicht verkraften konnte und mich von der Seite her sehr un-

sanft umsäbelte. Dabei fiel ich auf den Hinterkopf, war einige Minuten, laut der Aussage von Herbert Dienelt (einst bekannter Fußball-Profi und Trainer), bewusstlos und spielte dann aber weiter, wie wenn nichts gewesen wäre. Schweres Kopfweh stellte sich mit der Zeit ein, das unser Hausarzt Dr. D. mit einem Stirnhöhlenkatarr abgetan hatte. Während eines morgendlichen Besuches bei Klaus-Dieter Sieloff (Ex-Nationalspieler) stellte sich bei mir plötzlich im Unterbewusstsein eine Störung ein, das Frau Karin Sieloff dazu bewog, bei meiner Frau anzurufen mit der Bemerkung: „Kann es sein, dass Rudi um diese Zeit schon betrunken ist?" Meine bessere Hälfte meinte dazu: „Ich hab´s auch schon gemerkt, dass etwas mit ihm nicht in Ordnung ist!" Nun, anschließend fuhr ich noch, mit Tanja im Auto, zum Hausarzt, der leider nichts bemerken konnte, denn das Kurzzeitgedächtnis funktionierte, auch bei der Rückfahrt, noch recht gut. Dann aber ging es Schlag auf Schlag:
Notoperation in der Intensivstation. Ich landete schon im Tal der Träume, doch dann ging es doch noch ganz gut mit der relativ schnellen Heilung und Genesung voran. Zu erwähnen wäre bei dieser Gelegenheit der Besuch der Rohrer Humorer, der etwas Stimmung in den Laden brachte. Insbesondere durch die Bemerkung von Boss Harald : „Das Loch im Kopf ist doch prima, da kann man ja das Bier bei Dir gleich eintrichtern, ohne ein Glas dafür zu gebrauchen." Ich sagte dazu kurz und bündig: „Amen."

* * *

Im gleichen Jahr erhielt ich - nur so ganz nebenher - das Bundesverdienstkreuz am Bande der Bundesrepublik Deutschland überreicht.

Von Oberbürgermeister Manfred Rommel
kam im August die Einladung zur Übergabe im
Konferenzzentrum der Brauerei.

Familie, Firmenprominenz, Betriebsrat, Gewerkschaft, Freunde und weitere Gäste, alle waren im vollbesetzten Saal versammelt. Dann kam vom Büro des Oberbürgermeisters die Nachricht, dass Oberbürgermeister Rommel nicht kommen kann, weil der Bundespräsident Richard von Weizsäcker die unterzeichnete Verleihungsurkunde noch nicht zurückgesandt hatte. Wohl ein Kuriosum, doch es war bekannt, dass der Präsident alle Urkunden im Original Immer selbst, also nicht wie seine Vorgänger mit einem „Stempel", unterschreibt. Nun, er hatte Urlaub und war bei einer Bergtour unterwegs und somit nicht erreichbar (das auch offiziell von der Presse bestätigt wurde). Es wurde trotzdem bei guter Unterhaltung vorgefeiert. Am 30. Oktober wurde dann im Stuttgarter Rathaus der Orden mit Urkunde, sowie Blumen für die Frau, vom 1. Bürgermeister Dr. Rolf Thieringer feierlich überreicht. Oberbürgermeister Manfred Rommel hatte kurz vorher gratuliert und sich wegen einem anderen, wichtigen Termin entschuldigt.

Das festliche Zusammensein ging dann nochmals, bei ebenfalls guter Unterhaltung und vielen Gratulationsreden, im Stuttgarter Ratskeller zu Ende. Auch ich musste mit einer kurzen Dankesrede aufwarten. Dabei passierte mir ein kleiner Lapsus: Meine liebe Frau stieß mich immer wieder mit dem Fuß an und wollte mir sagen, dass ich den Stuttgarter Gewerkschaftschef H.D. Paulowelt nicht vergessen soll. Dies ging bei mir in den falschen Hals, sodass ich sehr ungehalten mit „Lass mich bitte doch in Ruhe", reagierte.

Mein oberster Boss, Herr Hans-Herbert Leicht, meinte zu meiner lieben Gemahlin: „Das würde ich an Ihrer Stelle nicht mehr tun!" Die Begrüßung habe ich daraufhin gerne nachgeholt.

Auch ein kleiner Ausflug im September lag zwischenzeitlich drin. Gertrud, Mutter meines Schwiegersohnes, Ruth W.,deren Freundin, meine Frau und ich, als Fahrer, machten zusammen eine schöne, eintägige Schwarzwaldrundfahrt. Es ging an den Titisee, an den Schluchsee und voran natürlich der Besuch der

Schwarzwaldklinik, bekannt durch die damals noch laufende Fernsehserie. Der Abschluss ging dann sehr vergnügt bei einem Abendessen in einem zünftigen Lokal zu Ende.

* * *

Noch ein Highlight anno 1987. Unserem Enkel Andi schenkten wir zum 18. Geburtstag am 5. Juli eine Flugreise nach Berlin vom 19. bis 22. Juni. Höhepunkt war wohl der Besuch ins ausverkaufte Olympia-Stadion zum Pokal-Endspiel HSV gegen die Stuttgarter Kickers am 20. Juni, das der HSV mühevoll mit 1:3 gewonnen hat.

Nicht nur der Flug und das Fußballspiel standen im Mittelpunkt, sondern auch der erste Bummel durch die Hauptstadt ab der Gedächtniskirche über den Kurfürstendamm zum Brandenburger Tor und zur Siegessäule. Weiter ging es. Wir erlebten erstmals die Berliner Nacht! Mit meinem Bruderherz Heiner und seiner Frau Margot wackelten wir am Funkturm und am Reichstag vorbei zur Einkehr ins berühmte Tiffany.

Wie schon einige Jahre vorher in Straßburg wunderte ich mich über das servierte grüne Bier, das aber ganz gut gemundet hat. Heute weiß ich es: Ein paar Tropfen Waldmeister genügten.

Am zweiten Tag stand auf dem Terminplan der Grunewaldturm mit der Einkehr im dazugehörigen Gartenwirtschäftle und die Glienicker Brücke.

Der dritte Tag galt einem Besuch des Berliner Dorfes und der mit vielen Aufschriften versehenen Berliner Mauer. Es war schon sehr beeindruckend an dieser entlang zu gehen und von der Aussichtsplatte aus hinüber zu schauen zum trostlosen Ost-Berlin. Auch die vielen Kreuze am Weg waren zum Gedenken nicht zu übersehen. Am vierten und letzten Tag machten wir noch einen kleinen Bummel zum und durch den Zoologischen Garten. Ganz klar ging es nochmals zur Brücke der Einheit und vorher durchs berüchtigte Kreuzberg.

Zum Finale besuchten wir wiederum das Regierungsgebäude und von dort aus machten wir noch einen kleinen Spaziergang am Ufer der Spree entlang. Wir konnten so u.a. auf die andere Seite blicken. Blieben wir mal kurz stehen, dann wurden wir sofort von gegenüber von den DDR-Soldaten mit Maschinenpistolen ernsthaft bedroht, damit wir weiter gehen sollten. Doch gesund und munter und wohlbehalten landeten wir am Abend auf dem Stuttgarter Flughafen und kamen gut zu Hause in Bad Cannstatt und Vaihingen an.

1988 und auch 1989 ging es nach Teneriffa auf unsere langersehnte Trauminsel. Wir wohnten in einer kleinen Pension auf Empfehlung einer Schulkameradin meiner Frau und waren allerdings nicht so recht zufrieden, das heißt, die Sauberkeit ließ ein bisschen zu wünschen übrig.

Wir genossen trotzdem die Umgebung (einschließlich dem schönen Freibad auf Halbhöhenlage) von Las Americas und verbrachten fast jeden Tag, bei immer schönem Wetter, unsere Zeit am Meer.

Besonders erinnere ich mich an einen starken Sandsturm, der eine Panik auslöste und die Urlauber in die Quartiere verbannte. Auch waren wir bei unseren beiden ersten Erkundungsausflügen in der engeren Umgebung des Öfteren „zum Schnuppern" unterwegs.

Auf los geht´s los ... in die neunziger Jahre!

Das Jahr 1990 war wohl das Jahr der „Abschiede".

Vorrangig - neben dem privaten Händeschütteln - gingen die jeweiligen Abschiedspartys über die Bühne. Zum einen vom Berufsleben und zum andern von den Gewerkschafts- und diversen Sportgremien. Genau: Mein Arbeitsleben ging im Juli 1990 mit großem Lob durch Aufsichtsrat, Vorstand und Betriebsrat im voll besetzten Konferenzzentrum der Brauerei zu Ende. Der Gewerkschaft Nahrung-Genuss-Gaststätten (NGG) genügte nur ein Schreiben der Verwaltungsstelle Stuttgart mit den besten Wünschen zum Ruhestand. Es wurde mir angekreidet, dass ich meine Aufsichtsrats-Tantiemen nicht an die Gewerkschaften abgeführt habe. Warum sollte ich auch ... ich arbeitete doch voll und ganz für meinen Brötchengeber im Sinne der Belegschaft und wurde so voll von meinem Arbeitgeber bezahlt. Allerdings wurde mein Ausscheiden in den wohlverdienten Ruhestand bei den letzten Sitzungen der NGG-Angestellten-Ausschüssen mit Lob besonders gewürdigt.

* * *

Für den sogenannten „Unruhestand" habe ich mir eine gewisse Arbeitsphilosophie zurechtgezimmert, die bis heute (2015) meist, aber nicht immer, aufgegangen ist.

Wie halt das Leben so spielt ... doch es geht weiter.

* * *

Schön war die Zeit von1991 bis 1993 in Teneriffa und Las Palmas. Wir erlebten die Kanarischen Inseln von A bis Z mit den Ausgangspunkten des Panorama-Hotels und des Hotels Sol La Palma ab Los Cristianos, über Aeropuerto, La Palmas mit bekanntem Kloster, Santa Cruz, La Laguna, Puertoide La Cruz mit dem sehenswerten Mercedes-Wald, Gran Canaria und Santa Maria. Ebenso ging es durch die Vulkangebirge und besonders ist die Wanderung durch das Amaga-Gebirge bis zur Höhe von rund 1.500 Meter zu erwähnen. Aber nicht nur das. Wir ließen auch die Beine vom Liegestuhl aus baumeln und beobachteten das interessante Leben am Strand und die Gleitschirmflieger beim Üben. Oder wir badeten in den Wellen des Atlantiks oder, ganz bescheiden, im kleinen Hotel-Swimmingpool. Ganz besonders schön waren die farbenprächtigen Sonnenuntergänge vom Balkon aus beobachtet.
Prima, wir haben sehr nette Urlaubsbekannte kennen gelernt. So

auch die Eltern vom Profi-Fußballer Jens Keller, vom VfB Stuttgart. Ein anderer Mitstreiter sah unserem Minister Blüm verteufelt ähnlich, so dass er oft dementsprechend gegrüßt und angesprochen wurde.

Immer hat er - zu unserer Gaudi - sehr freundlich zurück gegrüßt oder geantwortet. Oft saßen wir bei verschiedenen Geselligkeiten - auch bei den Abendveranstaltungen der Hotels bei Live-Musik und Tanz - zusammen und amüsierten uns immer prächtig. Natürlich lag auch eine längere Bootstour, wie mit dem Luftkissenboot nach La Gomera, sowie die Bergfahrt und Wanderung auf den höchsten Berg Teide, drin.

Diese Jahre waren mit die schönsten unseres gemeinsamen Lebens, es versteht sich, eben mit meinem Schatten Marianne, Marta!

* * *

Weiterhin ließen wir es uns nicht nehmen unsere Grete in Tittling zu besuchen. Dort war all die Jahre immer etwas los. Sei es, dass wir turbulent vor dem Haus Fußball gespielt haben oder im Flecken -2 Gaststätten haben wir bevorzugt - oder in PASSAU und Umgebung unterwegs waren. Lustig, gemütlich und unterhaltsam ging es meist an den Abenden auf der Hausterrasse bei Bier, Wein oder einem kleinen Korn zünftig zu - auch die „schiefe" Politik wurde nicht ausgelassen -, dafür bürgten schon unsere Duisburger Ferienfreunde, das ist wohl klar. Bei besonders schönem Wetter tummelten wir uns gerne im nahegelegenen Freibad.

* * *

Ich behalte mir vor, noch einige Anekdoten einzublenden, die mir so eben einfallen:

Schon für den 24. Juni 1989 wurde unsere Traditionself Schwaben Bräu zu einem Festspiel, anlässlich des 75jährigen Jubiläums vom FV 1914 Tennenbronn e.V., eingeladen. Wir spielten gut, schön und fair, sodass die zahlreichen Zuschauer hoch zufrieden damit waren, doch wir verloren leider mit 3:4 sehr, sehr unglücklich.

Am Abend saßen wir dann gemütlich bei Speis und Trank mit dem Vorstand und den Vereinsspielern beisammen. Dabei wurde ein prima Programm mit bekannten Künstlern auf der Bühne geboten.

* * *

Der Luftkurort hat mir für die Ferien sehr gut gefallen und so planten wir unseren nächsten Urlaub in Tennenbronn zu verbringen. Zwischenzeitlich machten wir jedoch mit Rudolf Kreitlein dort einen Besuch und zwar bei meinem dort wohnenden Kollegen Waldemar Schwarz und seiner Frau.⍰Für unseren Fifa- Referee a.D. war diese Einladung ideal⍰

Zu dieser Zeit gewann ich bei einem Preisausschreiben eine „Bundesbahnfahrt ins Blaue für 4 Personen". Im Zug trafen wir, Marianne, Gisela, Axel und ich, meinen lieben Freund Rudolf Kreitlein wieder und es ging mit ihm gemeinsam weiter.

Unser Ziel im Nordschwarzwald wurde erreicht und alle Teilnehmer wanderten, im langen Festzug, voran mit einer zünftigen Musikkappelle, zum vorbestellten Festlokal.

Wir sonderten uns unterwegs etwas ab, aßen ein Eis und kauften kleinere Erinnerungsgeschenke ein. Leider wurden diese in der Schnelle nicht verpackt, so dass unser Rudolf kurz entschlossen beim nächsten Haus läutete und um einige Tüten bat, die er sogar bekommen hat.

Wir kamen wohl im großen Saal des Restaurants etwas später an und wurden trotzdem mit einem guten, reichlichen Essen belohnt.

Der Nachmittag ging kurzweilig und unterhaltsam bei einem sehr schönen Programm mit bekannten Künstlerinnen und Künstler verschiedener Gattungen vorüber. Zur späten Stunde traten wir die Rückreise an und kamen wohlbehalten im Stuttgarter Hauptbahnhof an.

1990 machten wir, wie schon erwähnt, dann mit Jürgen, Ute und Oliver Urlaub in Tennenbronn, Nähe Schramberg. Über einen Ferienkatalog entschieden wir uns für eine angebotene schöne Wohnung, wohl an einer auslaufenden Straße mit Vorgarten am Haus. Dies war nach unserem Ankommen die erste Enttäuschung, denn von einem Vorgarten war nichts zu sehen. Der Ausgang des Hauses ging direkt auf die verkehrsreiche Straße, so dass es für die Kinder - außer Oliver waren noch zwei gleichaltrige Buben im Hause - unzumutbar war, alleine vors Haus zu gehen. Die Wohnung hat uns mit der großen Wohnküche gefallen, doch es war nicht gerade angenehm, wenn jeden Morgen beim Frühstück eine Maus durchs Zimmer spazierte. Auch in den Nächten fanden wir keine Ruhe, denn die Siebenschläfer unterm Dach machten ganz schön Krach.

Langweilig wurde es uns trotzdem nicht. Wir machten Spaziergänge durch das Dorf und vorrangig kleine Wanderungen, vorbei an Felsen und Wasserfällen, das Oliver besonders gefiel, indem er mit Papa Jürgen etwas herum klettern durfte und so auch das kühlende Nass genießen konnte.

Unterwegs waren wir auch in der weiteren Umgebung. Der Feldberg und auch der Belchen waren unsere Ziele.

In der Nähe besuchten wir zur Freude von Oli und auch von uns ein Tiergehege, voran Hirsche und Rehe, die man gerne füttern durfte. Über schönes Wetter konnten wir uns meist freuen, deshalb suchten wir sehr oft das Tennenbronner Freibad auf.

Verkraften mussten wir so ganz nebenher, dass stets am Hauseingang ein lieber, sehr großer Hund, eine Bulldogge, gesessen hat und uns immer, sowohl beim Hinausgehen, als auch beim Hereinkommen mit starkem Knurren begrüßt hatte. Auch dieser interessante Urlaub, mit Erlebnissen gespickt, ging allzu früh zu Ende.

* * *

Hier nun, wie schon kurz erwähnt:
Die Anekdote über S. H. ... bestes Mobbing:
Ich wurde seinerzeit bei der Gewerkschaft NGG als Betriebsratsvorsitzender von Schwaben Bräu in den Stuttgarter Vorstand gewählt, als auch in die Angestellten-Ausschüsse des Landes und Bundes. Vorausschicken muss ich wohl, dass „Kollege S.H." lange vorher bei einer Betriebsversammlung um Gehör bat und erklärte:
„Unser Vorstandsvorsitzender Dr. Werner Hiller hat sich scheiden lassen, niemand kümmerte sich darum und bei mir wurde sinngemäß überall über meine Scheidung getuschelt, gespottet, gehetzt. Ich stelle mich auf die Stufe von Dr. Hiller und verbiete mir strengstens diese Tuschelei und Hetzerei!"
Der Lohn war ein sehr lautes Gelächter der Belegschaft. Kurz darauf heiratete ja Sepp seine zweite bessere Hälfte, die beim DGB in Frankfurt beschäftigt war. Vor ihr wollte er wohl glänzen und von ihr wurde er sicher auch angestachelt, dies zu tun, was ich nachfolgend berichten kann.

Zur ersten Sitzung in Hamburg wunderte ich mich, dass S.H. zugegen war und er als Betriebsratsvorsitzender der Brauerei Schwaben Bräu Rob. Leicht AG aus Stuttgart begrüßt wurde. Mein Einwand wurde vollkommen ignoriert - ich wurde als Gast kurz erwähnt - und nur dies wurde allgemein zur Kenntnis genommen.
Vorausschicken muss ich, dass seine Frau schon lange vorher bei verschiedenen Vorständen recherchiert und ihren Gatten ins rechte Licht gerückt hat. Gott sei Dank konnte die Angelegenheit bald richtiggestellt werden und Dank der späteren sehr guten Verbindung konnte ich Freundschaftsspiele, sowohl gegen die Wupperta-

ler Brauereimannschaft, als auch gegen die Elf der Berliner Kindl-Brauerei abschließen.

In Wuppertal verloren wir mit 4:0 und in Berlin gewannen wir mit 2:7 Toren. Beide Male wurde für uns am Abend eine Galaveranstaltung erster Güte organisiert (teils schon kurz berichtet). Natürlich fehlten jeweils die Begrüßungsansprachen der Vorstände und der Betriebsratsvorsitzenden nicht. Zu meiner Überraschung wurde in Wuppertal besonders freundlich der Stuttgarter BRV S.H. begrüßt. Leider saß ich im großen, voll besetzten Saal mittendrin und konnte mich nicht wehren. Ich habe es dann mit Humor genommen und ließ es dabei beruhen. Anders in Berlin. S.H. und seine Frau waren vorher schon in Berlin, besuchten die Kindl-Brauerei und baten um eine Betriebsbesichtigung. Dabei stellte sich „Kollege" als BRV der Brauerei Leicht AG aus Stuttgart vor und wurde dementsprechend würdig und zuvorkommend behandelt. Bei unserem Besuch zum Fußballfreundschaftsspiel war S.H. nicht dabei, doch Vorstand und Betriebsrat bedauerten es bei der Abendveranstaltung sehr, dass unser BRV nicht dabei sein konnte. Ich gab im persönlichen Gespräch die Antwort: „Der BRV ist und war auch als aktiver Spieler dabei. Immerhin gab er zwei gute Flanken, die jeweils zu Toren führten." Man konnte es nicht glauben, so dass ich fragte, wie denn der gute Mann ausgesehen hat? „Nun, groß, schlank mit schwarzen gefärbten Haaren", war die Antwort. Da war es klar, unser S.H. war der Übeltäter.

So ganz nebenbei: S.H. wurde nur für eine Periode und dann nicht mehr in den Betriebsrat gewählt, schon gar nicht als Vorsitzender.

Nochmals einen Schlenker in die Jahre 1975 und 1976, da verweilten wir auf Urlaub in Hintertux. Ein Prospekt machte uns auf das Hotel aufmerksam. Wir waren bei der Fahrt durchs Zillertal begeistert, doch nach dem steilen Anstieg bei der Anfahrt eher enttäuscht, denn wir landeten letztlich am Ende der Welt.

Dazu kam, dass das Hotel, laut der Wirtstochter beim Empfang, ausgebucht war und wir in das untere Hotel - ohne Schwimmbad und Sauna - verfrachtet werden sollten. Da war unsere nicht mehr liebe Mutti mit ganz energischem Einspruch nicht einverstanden und siehe da, wir bekamen unsere bestellte Unterkunft.

Die Wirtsleute, (Vater, Mutter und Tochter), wirtschafteten sehr gut, obwohl der Papa sich mehr bei seiner im Besitz befindlichen Bergbahn aufhielt.

Das Essen war stets gut, prima das Hallenbad zum täglichen Schwimmen in der Frühe. Auch die Sauna konnten wir zu jeder Zeit benutzen. Wir stiegen sehr oft zu Anfang zur 1. Hütte, nur sehr steil, aufwärts. Natürlich haben wir auch die nähere und weitere Umgebung durch unsere Ausfahrten mit dem Pkw kennen gelernt. Nicht schlecht waren die Fahrten mit dem altertümlichen Bähnle im Tal.

. Ganz zufällig trafen wir unsere Nachbarin von zu Hause, Frau Schrodi, an, mit der unsere Marianne öfters bei Kaffee und Kuchen zusammensaß.

Sie konnte ja nicht immer mit mir und uns unterwegs sein. Auch mit der jungen Wirtstochter - die Attacke beim Empfang gefiel ihr, wie sie später bekundet hatte - bahnte sich eine Freundschaft an.

Wir beschlossen vor unserer Heimfahrt, dass wir im nächsten Jahr wiederkommen. Dies haben wir getan und rückten mit Jürgen und Andreas an und so war schon einiges vorprogrammiert.

.

Unserem Andi bekam das gar nicht . Dabei kam dann immer sein Ausspruch: „I wois nemme wia mai Mamma aussieht?"

Jürgen lernte einen Bäckermeister aus Gaisburg kennen, mit dem er sich gut unterhalten und fachsimpeln konnte. Unserm kleinen Andreas gefiel absolut nichts während des Urlaubes. Deshalb war ich mit ihm zur Abwechslung bei einem Fußballspiel in der Nachbarschaft. Dort spielte die Heimelf gegen eine afrikanische Mannschaft. Leider konnte ich mich kaum dem Spiel widmen (mich interessierte es schon, wie die Schwarzen so spielten), denn ich war immer auf der Suche nach Andi. Einmal saß er hinter der Würstchenbude und als ich ihn dort fand, wollte er nur eine „heiße Rote mit Brötchen", da er meinte Hunger zu haben. Der Höhepunkt war wohl, dass er das vorsintflutliche, hohe Eingangstor bestieg und nicht mehr runter kam. Ich bat ihn in meine Arme zu springen, das er mit großem Geheule auch tun musste. Ein anderes Mal spielten wir Fußball auf der kleinen Terrasse vor dem Eingang des Hotels. Ein Feriengast, der Herr Doktor mit Bauch, spielte mit. Andi hatte keinen Gefallen daran und meinte zu diesem: Du S.., wenn'd net kicka kosch, no muesch es bleiba lassa!" Der liebe Herr Doktor sah uns nie mehr an, wir waren einfach Luft für ihn.

Zu guter Letzt machten wir eine Bergwanderung über Stock und Stein und durch mehrere Schneefelder, natürlich unter der Führung des erfahrenen Bergsteigers Schrodi, dem Bruder des verstorbenen Mannes von genannter Frau Schrodi, zur letzten Berghütte in 2000 m Höhe. Unterwegs blieb Andi stur unter einem Felsen stehen und verkündete, dass er keinen Schritt mehr weitergeht. Das war zu viel für mich, ich versohlte ihm den Hintern und weiter ging es mit der abschließenden fürstlichen Einkehr in die erwähnte Hütte.

Anschließend fuhren wir zufrieden mit der Seilbahn ab ins Tal. Auf der Sonnenterrasse des Hotels lernten wir Toni, Karle und

Franz kennen.

Wir saßen mehrere Male mit ihnen bei recht lustiger Unterhaltung - stets mit einem Krug Bier in Händen - zusammen.

Auch Jürgen fand dabei Kontakt, so dass er mit den Beiden -Toni und Karle - einen Tag und eine Nacht, in Sachen Skisport, unterwegs war. Dies wurde uns der Ordnung halber telefonisch mitgeteilt.

Wiederum saßen wir am letzten Abend, meine liebe Frau, Toni, Karle und Franz (ein bekannter Skifahrer) in gemütlicher froher Runde zusammen .

Plötzlich meinte der Toni: „Mensch i schwitz", langte auf den Kopf, zog sein „Toupetle ronter" und legte es auf den Ausschankbehälter. Karle ließ sich daraufhin nicht lumpen und legte sein Toupet ebenfalls auf den Getränkeboiler.

Nachdem Toni und Karle so „offenherzig" waren, hat unser lieber Wiener Schauspieler den Mut gefunden und seine Perücke gleichfalls auf das Gerät gelegt. „Hallo, hallo" hieß es danach, nun sind natürlich Franz und Rudi dran. Wir beide beteuerten wiederholt, dass wir keinen „Haarschmuck" tragen. Man glaubte es uns allerdings nicht und so zogen die lieben Freunde die echten Haare fast vom Kopf !

Kurz vor Mitternacht gingen dann alle zusammen mit einer Gewissen Bettschwere in Ihre Zimmer zum tiefen Erholungsschlaf.

zu später Morgenstund begaben wir uns , meine Wenigkeit als Fahrer mit Marianne und Jürgen , frohgelaunt auf die Heimreise und kamen gut , gesund und munter in STUTTGART an.

Nichtsdestotrotz, das Leben meines Un-Ruhestandes ging erlebnisreich weiter.

Von den Neunziger Jahren habe ich ja schon einiges berichtet, doch will ich nicht verschweigen, dass wir auch im Familienkreis sehr viel, gut und schön gefeiert haben. So unter anderem den „Vierzigsten" von Gisela und den 30. Geburtstag von Jürgen im Jahre 1990, jeweils zünftig im großen Zirkel.

Selbstverständlich auch meinen „Fünfundsechszigsten" bei Rudolf und Ilse Blaich im Löwen in Oberhaugstett im Jahre 1991 mit meinem Bruder Heiner, seiner 2. Frau Margot und meinen Kollegen Siegfried Bachl, Heinz Kleinbach und Karl Rapp, sowie mit meiner Enkelin Tanja mit ihrem „lieben" Freund Herbert und vielen anderen der Familie.

Horst Irrgang, mein Freund und guter Kumpel der „Rohrer Zeiten" unterhielt uns den ganzen Tag über mit seiner, ihm eigenen guten, Musik, einschließlich Gesang und auch mit weiteren, lustigen Beiträgen zur Unterhaltung. Draußen war schönes Wetter und alle vertraten sich nach dem guten Essen und diversen Getränken auf der Terrasse oder im Garten ihre Füße.

Horst war allein im Raum und spielte fleißig weiter, denn er war ja, zu seinem bitteren Leidwesen, total blind.

Immer war in der Folge etwas los.

Vorweg, 1992 wurde ich zum 2. Vorsitzenden und 1993 zum 1. Vorsitzenden des Stuttgarter Betriebssportverbandes gewählt. Vorgeschlagen wurde ich beide Male vom damaligen Verbandsvorsitzenden Franz Kuhn, seines Zeichens Kommissar bei der Stuttgarter Kriminalpolizei, mit dem ich mich immer bestens verstanden und gut zusammengearbeitet habe.

Sehr tragisch war es, dass Franz nach seinem 80. Geburtstag freiwillig mit seiner Frau - aus gesundheitlichen Gründen - aus dem Leben scheiden wollte. Seinen Entschluss hatte er durchgeführt und schoss zuerst seiner Frau und danach sich selbst eine Kugel in den Kopf. Er war sofort tot, doch seine Frau überlebte mit einem Schock in der Bewusstlosigkeit, denn der Schuss prallte - Glück im Unglück - von einer einoperierten Metallplatte im Kopf ab und wurde so gerettet.

Meine Schwester Lieselotte und ich besuchten unseren Bruder Heinz kurz vor seinem Tod in Berlin. Danach starb unser Bruderherz „Heinerle" am 7. März 1991 im Alter von 63 Jahren nach langer schwerer Krankheit, die wohl auf die Hungerszeit in der seinerzeitigen französischen Kriegsgefangenschaft zurückzuführen war.

Wir fuhren nachts mit der Bundesbahn im Schlafwagen nach Berlin und waren danach der Meinung, dass wir auch in einem normalen Abteil sitzend, sicher in der Bundeshauptstadt gelandet wären. Kurz: Niemand konnte richtig schlafen, denn es war zu eng und deshalb sehr unangenehm. Früh am Morgen kamen wir an.

Karl, mein lieber Schwager, wollte unbedingt, gegenüber dem Bahnhof, einen Kaffee trinken und dann mit der S-Bahn zum Friedhof fahren. Die Mehrzahl aber war dafür, dass man per Pedes den Weg zurücklegt. Bei der Friedhofskapelle angekommen, baten wir um einen Raum zum Umziehen. Damals waren eben die Sitten noch streng, denn schwarze Kleidung war Bedingung bzw. Pflicht. Die Beerdigung lief normal und schön mit langer Trauerrede des Pfarrers ab. Vor der Kapelle -wie konnte es auch anders sein führten natürlich die „Berliner Schnauzen" das Wort.

Wir, die „blöden Schwobo", waren krasse Außenseiter am Rande der Trauerversammlung. Anschließend wurden wir zu einem kleinen Imbiss in die Wohnung eingeladen. Die Witwe Margot begrüßte die Anwesenden und bedankte sich artig für die Teilnahme bei der Beerdigung. So ganz nebenbei begrüßte sie auch - ganz am rechten Flügel - uns Stuttgarter.

Sie konnte es sich nicht verkneifen zu sagen, dass bei den Waizeneggers sinngemäß nur zwei etwas taugen: „Gisela und Bernhard"! Karl brummte dazu nur in seinen Bart „Hanno, Hanno", dann war Schweigen im Walde. Auch ich war ruhig, obwohl alle auf mich geschaut haben. Ich wusste ja, dass sie mich notgedrungen, als Bruder akzeptieren musste. In ihren Augen war ich halt ein Lausbub und ein ungehobelter Klotz. Wie ich schon kurz berichtete, habe ich einst in Schorndorf in der Schlachthofgaststätte erwähnt, dass man sicher bei der „Wirtschaft und der Industrie" sich es nicht erlauben kann zu sagen: „Ich geh mal einen Tag ins Büro, damit ich weiterhin mein volles Gehalt beziehe." So damals mein Bruderherz als sogenannter Beamter. Diese Ausdrucksweise brachte mich - ohne Rücksicht auf seine schwere Krankheit - einfach auf die Palme, dies kurz zur Klarstellung.

Von meiner Schwägerin hörte ich danach lange nichts mehr, obwohl sie einige Male in Stuttgart war, bis sie dann in absehbarer Zeit ebenfalls gestorben ist. Margots, Angeberei
als waschechte Berlinerin: „Ich habe mehrere

Häuser in der Berliner Odenwaldstraße und führe das Verwaltungsbüro", konnte ich bei unseren Besuchen in Berlin gut entkräften, denn sie war nie und nimmer Besitzerin, sondern ein Amerikaner, der von ihr betreuten Häuser, sondern lediglich zweite Kraft im Büro der Verwaltung.

Schon etwas vorher gründete ich mit meinem Kollegen Gerold Walter den VkL-Freundeskreis. 21 Kollegen zählten dazu (einschließlich Dr. Pilz vom Verein der Stuttgarter Brauereien und natürlich mit Verkaufsdirektor a.D. Erwin Baumann). Zu Anfang trafen wir uns fast immer in der Vaihinger Bahnhofsgaststätte oder auch mal so zwischendurch in der Brauereigaststätte „Zum Ochsen". Gerold stieg sehr bald schon aus gesundheitlichen Gründen aus und dieser Kreis verwässerte sich danach leider sehr rasch. Es kamen Kollegen anderer Abteilungen (so z.B. Technik-Direktor Günther Diekjobst und Einkaufsleiter Werner Beck, auch weitere VkLs, ADMs und andere) dazu. Kollege Udo Kotscheregin (einst mein ZVV- Kollege) übernahm das Ruder. Unter seiner Leitung wurden viele Ausflüge gemacht und auch neue Begegnungsstätten besucht.

Dazu wurden auch die Ehefrauen und Lebensgefährtinnen eingeladen. Dieser Umstand gab für unseren einstigen Verkaufschef die beste Gelegenheit auszusteigen. Mein früherer Kollege Udo starb im Jahre 2007 und Ex-Direktor Diekjobst übernahm den Part.

Die Ausflüge wurden immer spärlicher und die Teilnehmer immer älter, sodass man sich nur noch einige Male zur Vorweihnachtszeit traf und dann war endgültig Schluss. Auf dieser Schippe läuft allerdings der langjährige Brauertreff unbegrenzt weiter. Dieser wird jeweils von unserem Dipl. Braumeister a.D. Adolf Heuer organisiert und im November jeden Jahres auch durchgeführt.

Die Freude war natürlich in den vergangenen Zeiten immer groß, wenn man mit den früheren Kolleginnen und Kollegen zusammengekommen ist. So soll es auch bleiben!

Ende 1995 absolvierte ich mein letztes Spiel, Nummer 1.340, gegen die Elf der Brauerei Torgau im Vaihinger Unistadion. Ich musste leider zur Halbzeit wegen starker Kniebeschwerden gegen unseren VfB-Ex-Profi Günter Eisele ausgewechselt werden. Schon kurze Zeit später wurde ich im Marienhospital operiert. Doch diese Operation war allerdings ganz großer Pfusch!

Ich hatte danach im Valhinger Zentrum immer sehr starke Schmerzen, die mich bald ins Sindelfinger Krankenhaus führten. Dort war es sehr schwer beizukommen, bis eben meine Schwiegertochter Ute letztendlich ein Machtwort sprach: „Morgen früh um 7:30 Uhr bringe ich meinen Schwiegervater und damit basta!"

Gesagt, getan. Meine liebe Frau bekam dies bei der Anmeldung besonders zu spüren und antwortete zu ihrer Entschuldigung: „Das Telefongespräch führte nicht ich, sondern meine Schwiegertochter." Trotzdem wurde ich zu Anfang in eine Besenkammer untergebracht.

Bei der ersten Untersuchung wurde alsdann festgestellt, dass mein Knie total vereitert war und ich sofort nochmals operiert werden musste. Anschließend wurde ich dann, welch ein Segen, in ein 3-Bett-Zimmer verlegt.

Der russische Oberarzt, ein hervorragender Operateur, bedeutete mir nach der gelungenen OP, dass der Eiter nach etwa 2 - 3 Tagen ins Blut gewandert und mein Leben dann wohl zu Ende gewesen wäre.

Danach war alles gut und ich konnte noch viele Jahre mit meinen Freunden Ebo, Hans Eberle, (einst ein bekannter Fußballer und Trainer -u.a. bei den Stuttgarter Kickers-, sowie Olympia-Teilnehmer mit der Nationalmannschaft - 4. Platz - im Jahre 1952) und dem TWS-Ing. Wolfgang Erhard auf den SSB-Plätzen Tennis spielen. Allerdings habe ich mit meinem Sportkameraden und Freund Roland Eger beim KV 95 schon früher begonnen, bis eben Roland zu den Aktiven des Vereins wechselte. Kurze Zeit spielte ich dort noch mit Ebo, doch eine Forderung des Vereins veranlasste uns zu wechseln. Der KV 95 Stuttgart verlangte von uns, sofern wir nicht beim Frühjahrsputz teilnehmen, eine Ersatzgebühr von 800 DM. Das war zu viel des Guten und wir nahmen ein SSB-Angebot an.

Leider starb mein langjähriger Partner Ebo am 2. April 1998.

Doch es ging, wie schon erwähnt, mit meinem Betriebssportkameraden Erhard bis zu meiner ersten Hüftoperation im Jahre 2009 weiter, dann war endgültig Schluss und mir wurde von meinem Hausarzt Dr. P. sogar ein Leben, nach weiteren 4 Operationen, mit Krücken, evtl. sogar im Rollstuhl voraus gesagt. Dieses Leben ging dann aber, bedingt, ohne Tennis ganz gut weiter.

Nach dieser Enthüllung möchte ich eine schönere Anekdote hier einblenden.

Vorausgehend: August 1995: Urlaub in Muggenbronn.

Oma Marianne, Jürgen, Ute, Oliver, Alexander und ich, der Opa, reisten mit unseren Pkws dort an und konnten am Ende bescheinigen, dass es für uns alle recht schön war.

Wir konnten im Nachbarhaus schwimmen gehen, wir konnten den Tennisplatz, nahe am Haus, benutzen und wir wurden u.a. zum Kinderfest in die angrenzende Sporthalle eingeladen.

Oliver war bei den Spielen fleißig dabei und gewann auch einige Preise, das ihn mit Stolz erfüllte. Jürgen und ich schauten zu, tranken einige Bierchen und ließen uns die „Roten" mit Senf und knusprigen Brötchen recht gut schmecken.

Jeden Morgen suchten wir die Schwimmhalle auf und so ganz nebenher veranstalteten wir kleine Rennen über zwei Bahnen. 3 x darf geraten werden, wer wohl immer der Sieger war?

Natürlich der Opa, wer denn sonst?!

Diese Tage waren immer sehr kurzweilig, weil wir doch sehr viel in der näheren Umgebung unterwegs waren, aber auch, wie geplant, längere Fahrten unternommen haben, zum Beispiel nach Freiburg mit seiner schönen Altstadt, an den Bodensee, auf den Feldberg und auf den Belchen. Auf Wunsch unserer Schwiegertochter schauten wir auch bei dem „Heim für Mutter und Kind" vorbei. Dort hatte ja Ute mit Alexander vor Jahresfrist, Erholung gesucht und gefunden.

Weiter ging es im alten Trott.

Bereits am 29. Oktober 1993 ging die Reise unserer Rudis-Traditionself im O-Bus und in Privat-Pkws 3 Tage lang nach Torgau in Ostdeutschland zu einem Freundschaftsspiel im dortigen Hertenfeldstadion, das wir mit 5:0 sicher gewonnen haben.

Nachdem wir unsere Quartiere, alle sehr einfach ausgestattet, bezogen haben, besichtigten wir unsere käuflich erworbene Brauerei, die größtenteils in ganz schlechtem Zustand war und nahmen anschließend die Einladung zum bescheidenen Umtrunk mit einem kleinen Vesper an. Dann ging es zum Stadtrundgang.

Wir fanden noch sehr schlechte, baufällige Häuser vor. Der Abend stand zur freien Verfügung. Das Spiel fand am nächsten Tage statt und für den Abend wurden wir zu einem geselligen Zusammensein eingeladen. Am Anfang war die Stimmung eisig, doch dank unserer Kollegen Erich Matusik und Heinz Kleinbach wurde bald Leben in die Bude gebracht. Sehr spät und angeheitert ging s zum kurzen Schlaf in die Fallen. Am nächsten Tag führte uns der Weg mit unserem Gegner in ein einsames Gasthaus, inmitten der Meißner Weinberge, zur gemütlichen Abschlussveranstaltung. Die Unterhaltung lief bestens, denn die Torgauer wollten sehr viel vom Westen wissen. Dabei kam es kurz zu einem kleinen Eklat. Ein Spieler unseres Gegners hatte angeblich kurz in Böblingen als Elektriker gearbeitet und wurde noch während der Probezeit entlassen. Er musste in seine Heimat zurückkehren und meinte, dass es reine Schikane war, weil er von „Drüben" kam. Lautstark fragte er in die Runde: „Was sagt ihr dazu und wie denkt ihr darüber?" Unser Karle Rapp gab kurz die Antwort: „Darf ich ehrlich sein? Die Mauer 2 m höher bauen!" Kurz war Totenstille, doch dann ging es Gott sei Dank unterhaltsam weiter und wir fuhren in gutem Einvernehmen zurück.

Am letzten Tag, die Pkw-Fahrer haben die Heimfahrt gleich ins Auge gefasst und der Rest besichtigte die schöne Stadt Meißen mit dem berühmten Schloss und der weltbekannten Manufaktur. Ganz zum Schluss wurden wir noch in einem kleinen, netten Lokal an der Elbe bei Kaffee und Kuchen würdig verabschiedet.

So zwischendurch: Ein Jahr vorher ging meine 12jährige Ära als „Ehrenamtlicher Arbeitsrichter" zu Ende. Schon damals war der Kampf um die Löhne und Gehälter spürbar. Meist wurden die Lebensmittelketten angeklagt, weil eben die Tariflöhne nicht bezahlt wurden. Ab und zu auch mal, in anderen Angelegenheiten, die größeren Unternehmen. Über Zeit- und Leiharbeit, von Werksverträgen und von Mindestlöhnen etc. wurde seinerzeit nicht gesprochen. Meist jedoch über Kündigungen und Abfindungen.

Ein wichtiger Seniorentag, der 23. September 1994.
An diesem Tag wurde der „Seniorentreff Leicht" gegründet.
Braumeister S. überlegte, nachdem bekannt wurde, dass die Brauereien Dinkelacker und Schwaben Bräu in absehbarer Zeit fusionieren, was man tun kann, um nicht in Vergessenheit zu geraten. Er initiierte den genannten Treff.

Eine Wanderung nach der anderen in die nähere und weitere Umgebung wurden geplant und durchgeführt. Es war natürlich ganz selbstverständlich, dass man jeweils danach zünftig in ein Schwaben Bräu-Lokal eingekehrt ist. Höhepunkt war sicherlich der 4-Tage-Ausflug nach Torgau im Osten, bereits im Jahre 2001, unter vielem anderen auch mit einer Bootsfahrt im Spreewald.
Ganz ohne Planung ging es allerdings nicht immer ab, sodass wir hauptsächlich Gerhard Schlitter mit Frau Margret, Gastgeber S. und meine Wenigkeit – in der „G- Bar unterm Dach" öfters bei gutem Vesper und Bier aus dem Fass getagt haben.

2003 habe ich mir die Mühe gemacht eine Festschrift zum 10-jährigen Jubiläum (dies behauptete G. recht stur, obwohl es meiner Meinung nach nur 9 Jahre waren) zu fertigen. Vor der Fertigstellung bat G. mich, dass in der Broschüre er als Verfasser genannt wird. Es gab den ersten Krach, denn dem konnte ich leider nicht zustimmen. Unser lieber G. hat weder einen Beitrag, außer dem Grußwort mit meiner Hilfe, noch Bilder beigesteuert. Die Broschüre habe ich rechtzeitig fertiggestellt und diese wurde anschließend, über meinen Freund und Sportskameraden Roland Mall, kostenlos gedruckt. Alle Hefte habe ich dann unserem Vorsitzenden zur Verteilung übergeben. Bis dahin gut und schön, doch etwas später wollte ich - in Schlitters Garten - einige Exemplare für meinen engeren Freundeskreis von ihm haben. Seine Antwort glasklar: „Nein!" und er blieb dabei! Es kam auch hier zum Eklat, denn ich war sehr empört darüber und nannte ihn alles Mögliche, nur nichts Gutes! Sicher wäre die Angelegenheit bei einer Schlägerei geendet, wenn Gerhard Schlitter nicht besänftigend eingegriffen hätte.

Der Draht war natürlich endgültig zerschnitten, eben bis zum Tod von Boss S. am 23.11.2006 ... Gott habe ihn selig!

Es ging unter der Leitung von Gerhard Schlitter ohne Pause weiter, allerdings nicht mehr unter dem Namen „Seniorentreff Leicht" sondern unter dem „Seniorentreff Schwaben Bräu" (später mehr).

1994. Das Jahr begann ganz gut. Vom 1. bis 9. April machten wir wiedermal gemeinsam Urlaub in Tittling. In der Folge war ich allerdings immer unterwegs. Zweimal in der Woche spielte ich zum Ausgleich Tennis. Das wollte ich mir nicht nehmen lassen. Viele Fußballspiele mussten organisiert werden, sowie zwei Ausflüge.

Zum einen am 18. Juni mit unserer Traditionself nach Zöbingen (8:1 gewonnen) und zum andern am 28. September mit der Seniorenelf des ASV Botnang.

Mit unbekanntem Ziel, also eine Fahrt ins Blaue! Einen Höhepunkt ganz eigener Art kann ich nicht vergessen:

Nach dem Mittagessen saßen wir fast vollzählig im Bus und warteten sozusagen auf den letzten Mohikaner. Auf den lieben aktiven Spieler Tsch.! Eine Stimme aus dem Hinterhalt kam auf: „Da könnt ihr noch eine Weile warten, denn dieser vernascht gerade eine Bedienung des Lokals in einem Gebüsch!" Seine liebe Frau meinte dazu laut und ganz spontan: „Da könnt ihr sehen, was mein Mann noch für Chancen hat!" Allgemeines Gelächter kam wohl auf, doch das störte sie nicht.

Tragik während den Sommerferien. Unser Hausarzt stellte bei meiner besseren Hälfte einen Knoten in der Schilddrüse fest, der bei ihr eine erhöhte, nervliche und geistige Aufregung und Belastung hervorrief. Sie wurde deshalb sofort in das Stuttgarter Bürgerhospital eingewiesen. Dort ging es noch aufregender weiter mit der Drohung eines Selbstmordes durch Tabletten. Der behandelnde Arzt wusste sich nicht mehr zu helfen und stellte den Antrag zur schnellen Überweisung in die geschlossene Abteilung im Hause. Danach wurde ihr endlich klar, was sie angerichtet hatte und verlangte sofort ihre Entlassung, die ihr auch, mit Unterschrift, bewilligt wurde. Der tiefere Grund war - wie schon öfters erwähnt - einzig und allein die liebe Eifersucht, weil ich fast nie zu Hause war. So ist es halt, wenn man „mit Eifer sucht" ... ganz ohne Grund!

In diesem Jahr organisierte ich auch für den 3. September das 40-jährige Jubiläum des Württembergischen Betriebssport-Verbandes im Degerlocher Festsaal der Stuttgarter Straßenbahnen. Bezeichnend war, dass ich selbst fast alle Mitgliedsfirmen, zwecks Spenden für unsere Tombola, aufgesucht habe. Bei zwei großen Firmen (Roto Frank und Bosch, Fellbach) habe ich mich beim Empfang angemeldet und musste jeweils sehr lange warten. Endlich kamen die zuständigen Herren, in dunklen Anzügen mit Krawatte, und übergaben mir die Tombola Preise. Beide Male wunderten sich die Herren, dass der 1. Vorsitzende diese Aufgabe selbst übernahm. Zu hören bekam ich: „Sie hätten sich doch entsprechend melden können, dann wären wir selbstverständlich sofort gekommen."

Das Jahr ging dann doch noch versöhnlich zu Ende, denn im November besuchten wir gemeinsam das 40-jährige Jubiläumsfest des Esslinger WBV-Bezirkes in der Festhalle Denkendorf und wir nahmen gerne die Einladung der SG Stern Stuttgart (Daimler-Benz), ebenfalls zum 40-jährigen Jubiläum, an. Vorstand Helmut Tischberger begrüßte ausnahmsweise auch mich als ersten Vorsitzenden des Verbandes und erwähnte dabei „die Legende der BSG Schwaben Bräu und des WBV Stuttgart Rudi Waizenegger". Das war mir seither noch gar nicht bewusst.

Übergehend nochmals zum Jahr 1995. Gleich, am 21. Januar, ging es los mit dem Ordensfest der Vaihinger „Schwarzen Husaren" in der Österfeldhalle. Minister Gerhard Mayer-Vorfelder war zugegen, sodass bei gutem Programm die Unterhaltung und Stimmung bestens gesichert war.

Besonders gut hat sich meine Gattin mit der Frau von Mayer-Vorfelder verstanden und sich entsprechend bestens unterhalten.

Am 6. Mai bestritten wir ein Jubiläumsspiel gegen die Prominentenelf von Racing Straßburg in Kehl-Goldscheuer, das wir mit 2:1 gewonnen haben. Unser Star bei diesem Spiel und danach bei der Festveranstaltung war mit seinen Pointen zur Lage und gekonnten Witzeinlagen unser Lothar Weise, einst DDR-Nationalspieler und Spieler des VfB Stuttgart. Beim bestens organisierten Treff am Abend ließ es sich die Unternehmensfamilie Leicht nicht nehmen, dabei zu sein. Aus Anlass unseres 40-jährigen Jubiläums spielten wir am 28. Juni im Vaihinger Uni-Stadion gegen die Stuttgarter Prominentenkicker und verloren unglücklich mit 1:3 Toren.

Kurz möchte ich noch zu meiner Knieoperation (durch eine Arthroskopie) - ich berichtete vom großen Pfusch - im Nachtrag hier zufügen, dass ich mich mit sehr starken Schmerzen im Marienhospitalgemeldet habe. Sowohl der Chefarzt, als auch der Oberarzt nannten mich ganz klar einen Simulanten, denn der Fuß zeigte angeblich keine Rötung, auch hatte ich kein Fieber aufzuweisen. Man vertröstete mich auf eine weitere Untersuchung im Juni dieses Jahres ... also erst nach 5 Monaten. Meine liebe Frau, die mich begleitet hat, weinte bitterlich und konnte so leider keinen Protest einlegen. Weiteres wurde bereits berichtet. Dazu ebenfalls noch - da sehr lustig anzuhören - ein kleiner Nachtrag: Mein Bettnachbar Wolfgang schimpfte nicht nur einmal, sondern immer gegen die Ärzte.

Dazu kam dann immer die Warnung: „Wenn es mit der nächsten, geplanten Operation (geraderichten des rechten Oberschenkels) nicht klappt, dann komme ich mit meinem Chef (Inhaber des Blumengeschäftes Christen an der früheren Solitude-Rennstrecke) zur Unterstützung!" Immer wieder fragte er: „Kommt Gisela heute?" Meine Tochter hat es ihm halt besonders angetan.

Fit und beschwerdefrei ging es 1997 zur Erholung mit Jürgen, Ute, den Kindern und mit meiner Angetrauten in die Türkei. Herrlich der Badestrand, das Meer und die würzige Luft. Wir wurden regelrecht animiert zum Baden im Meer. Auch Gaudi war angesagt, indem ich immer wieder im Sand, mit freiem Kopf, begraben wurde. So ganz nebenbei beobachteten wir fast jeden Tag, wie ein sehr schlanker Mann sich quälte seine gut 3-Zentner schwere Frau aus dem Wasser zu ziehen. Oliver kundete stets beim Abendessen aus, was diese Dame wohl so gegessen hat? Meist kam er zurück mit der Mitteilung, dass die dicke Dame 3 volle Teller „gefressen" hat.

Natürlich badeten wir auch im Swimmingpool. Die dortigen Rutschbahnen wurden von den Kindern mit viel Spaß fleißig benutzt. So nebenbei: Oliver beteiligte sich ab und zu recht gut bei den Wasserballspielen der Erwachsenen.

Ganz klar ging es auch mal an Land. Ute kaufte dort sehr preiswert, nach längerem Handeln, die Glasfiguren für ihren heimischen Schrank ein. Wir Männer klopften derweil die Textilgeschäfte ab und kauften sehr preisgünstig ein. Zum Beispiel Sporthemden für je nur 1 DM (diese Trikots kann ich noch heute anziehen). Abends lag meist der Theaterbesuch im Hotel - auch einmal mit einem Preis für Ute bei einem Quizspiel auf der Bühne - drin. Deshalb war es uns auch nie langweilig und wir kamen gut erholt in die Heimat zurück.

Generell darf und will ich nicht die Vorweihnachtszeiten der Jahre 1990 bis 1995 vergessen, als ich sehr gerne in verschiedenen Kitas und Kirchen den Nikolaus verkörpert habe. Es war einfach schön anzuschauen, wie sich in den glänzenden Kinderaugen die Angst, die Spannung und überwiegend die Freude widerspiegelte.

Bei der Seniorenfeier im Dezember 1996 im Hause von Schwaben Bräu kam der damalige Vorstandsvorsitzende auf mich zu und verkündete mir kurz und schmerzlos, dass unsere Betriebssportgemeinschaft mit der FußballTraditionsmannschaft keine Unterstützung mehr erhält. Es kam zum Disput - zum Beispiel: „Warum wir und nicht der Singchor?" Ich war über das Hin und Her sehr verärgert und meinte „Ich will mit Ihnen nicht weiter diskutieren! Sie können mich am A... grüßen" und beendete das Gespräch. Daraufhin habe ich sofort eine Spielerversammlung einberufen, bei der wir beschlossen haben, mit der „Rudis-Traditionself" (laut Abstimmung bei der Wahl) weiter zu machen. Beim Sprecher Herbert Dienelt und bei den anwesenden Spielern und Funktionären habe ich mich für diesen Beschluss dann herzlich bedankt.

Wir stiegen ins Schicksalsjahr 1998 ein. Wieder ging es in den Urlaub, wie im Vorjahr, in die Türkei. Den Flug überstanden wir sehr gut. Noch auf dem Flugplatzgelände wollte Oma Marianne uns zeigen, wo der für uns zuständige Bus steht. Sie machte einen Schritt zurück und schon lag sie da, denn sie hatte die dort befindliche Stufe übersehen. Ute und ich baten sie immer wieder aufzustehen. Es ging einfach nicht. Wir riefen den Flughafenarzt an, der auch schnellstens kam. Unsere Oma wurde alsdann in einen vorsintflutlichen Krankenwagen, ich fiel beim Einsteigen beinahe selbst runter, verfrachtet und ab ging es ins Krankenhaus.
Was wir dort antrafen, war wirklich, so muss man es wohl sagen, unter aller Sau! Beim Eingang wurde sie gleich auf einen Schragen gelegt, den ich zuvor mit einem Tempo-Taschentuch abstauben

musste. Das Zimmer war eher eine Abstellkammer, teils mit uralten Möbeln bestückt. Einfach schrecklich.

Die Ärzte waren allerdings sehr freundlich, denn sie wollten ja so gerne operieren, doch Marianne wollte eben nicht und hat sich bis aufs Messer gewehrt. Warum auf der anderen Seite die Krankenschwestern und auch die Damen beim Empfang so unfreundlich waren, war uns ein Rätsel. Vermutlich weil wir Deutsche waren. Nur ein Beispiel: Meine liebe Frau wollte nur ein Glas Mineralwasser haben und was tat die sehr hübsche Krankenschwester? Sie füllte eine leere Flasche am stark schmutzigen Wasserhahn ab und übergab diese zum Trinken. Da konnte man nur „Amen" sagen. Natürlich reklamierten wir sofort beim zuständigen Büro. Nichts geschah und das bei einer 1. Klasse-Patientin (das wir aber zu dieser Zeit nicht so genau gewusst haben). Nicht mal aufs Stehklosett konnte man gehen, geschweige denn aufs Frauen-Sitz-Klo, denn alles war total versch... eine ganz riesige Sauerei!

Gott sei Dank hatten wir, vor der Urlaubsreise, beim Reisebüro einen Vertrag, den uns Schwiegertochter Ute bestens empfahl, zwecks kostenloser Abwicklung bei Krankheit, erstmals abgeschlossen.

Weiter, zurück zur Türkei: Wir haben uns sofort, d.h. vom Krankenhaus aus, in München gemeldet und gleich kam ein Arzt zur ständigen Begleitung für meine Frau. Sehr lange mussten wir warten bis uns ein Flugzeug zur Verfügung stand. Trotzdem hatte ich nicht viel vom Strand, von der Sonne und vom täglichen Ablauf im Hotel, sondern ich fuhr, stets mit dem Taxi hin und zurück, ins Krankenhaus zu Besuch.

Endlich war es dann so weit. Die Omi wurde ins Linienflugzeug eingeschleust. Eine Kabine über 4 Sitze wurde schnell aufgebaut, so dass meine bessere Hälfte bequem liegen konnte. Der Arzt und meine Person konnten davor Platz nehmen. Dann ging es ab Richtung Hannover. Dort mussten wir uns mit herzlichem Dank vom begleitenden Arzt leider verabschieden. Bei stürmischer Nacht - unterwegs mit einer kleinen Panne – ging es im Krankenwagen Richtung Heimat weiter. Punkt 24 Uhr kamen wir im Sindelfinger Krankenhaus an und wurden vom diensthabenden Oberarzt empfangen, der sofort die ersten Untersuchungen eingeleitet hat. Danach wurde die liebe Patientin in ein schönes Einzelzimmer einquartiert. Schnell wurde sie operiert und eine Hüftprothese eingesetzt. Erst jetzt merkten wir so richtig, dass Marianne eine „1. Klasse-Patientin" war. Die Heilung ging sehr gut voran. Nach rund 8 Tagen kam sie nach Urach zur Reha. Dort habe ich sie öfters besucht und dabei bemerkt, dass sie schon bald sehr gut, ohne Rollator, gehen konnte.

Jedenfalls war Mutti Marianne fit für die Urlaube im Bayrischen Wald in den Jahren 1999 und 2000 vom 16. bis 25. August bzw. 17. bis 26. Juli, jeweils im Kur- und Ferienhotel Bayerwald im „großen" Dorf Lam.

* * *

Etwas Wichtiges habe ich wohl vergessen, was ich hier kurz nachholen will und zwar die Ehrung zum Stuttgarter Sportpionier im Februar 1999 im Stuttgarter Rathaus.

Enkel Oliver hatte Interesse und wollte dabei sein. Wir bekamen einen schönen Platz ganz vorne beim Rednerpult. Die Sportbürgermeisterin begrüßte die Gäste, dann lief der Sportjahresfilm (von Herbert Aupperle) „Stuttgart Sport 1998" ab.

Nach der Rede des Oberbürgermeisters Dr. Wolfgang Schuster wurden die Ehrungen der neuen Sportpioniere (mit mir), noch vor den Meisterinnen und Meister im Sportjahr 1998, abgewickelt. Bei meiner Ehrung durch den OB Schuster fiel mir und auch Oliver besonders auf - wir konnten kaum seiner Rede (zu meinen Taten) folgen, dass ihm Schaum aus dem Mund floss ... (kann im Eifer des Gefechts ja mal passieren). Wir hielten uns anschließend allerdings schadlos beim kalt warmen Buffet mit Getränken in großer Auswahl im Kreis aller Sportpioniere.

* * *

Jetzt kann es weitergehen im Bayrischen Wald.

Wir wurden fürs erste Mal sehr herzlich begrüßt und zu unserem Zimmer, mit Balkon, geführt. Auch eine Garage wurde uns kostenlos zur Verfügung gestellt. Ein kleiner Rundgang führte uns in den Frühstücksraum, zum Hallenbad mit Saunen, Whirlpool und Solarium und zuletzt auf die Badeterrasse mit großer Liegewiese. Natürlich durften wir auch den Chefhund - sein Platz war gegenüber unserem Balkon - kennen lernen. Alles haben wir in der nahen Zukunft reichlich und bestens genützt, so dass keine Langeweile aufkommen konnte.

Nicht immer hatten wir schönes Wetter, doch wir nützten diese Gelegenheiten, um die nähere und weitere Umgebung zu erleben.

Wir spazierten im Dorf umher, wir waren am Arbersee und bestiegen nicht nur den Großen Arber (1.456 m), sondern auch den Großen Osser (1.293 m), mit jeweils herrlicher Fernsicht.

Der letzte Satz auf dem Denkmal „Deutsche Wacht" am Arbersee: „Was deutsch ist soll deutsch bleiben ... August 1923"!

Von Interesse war für mich auch der Besuch der Brauerei „Späth-Bräu" in Lohberg-Glashütte und herrlich die Erholungspausen im Arracher Seepark. Höhepunkt war aber wohl zum Abschluss der Besuch einer Glasbläserei in Bodenmais. So zwischendurch besuchten wir natürlich auch den Bayernwald-Tierpark in Lohberg direkt, der sein 10-jähriges Jubiläum feierte.

Wie schon erwähnt, ging es im nächsten Jahr (2000) wieder nach Lam. Durch reinen Zufall trafen wir meinen einstigen, guten Kollegen und Kampfgefährten Heinz Kleinbach mit seiner Frau Annemarie. Wir saßen alsdann sehr oft gesellig im Hause zusammen, planten und führten verschiedene Ausflüge durch, mit den Zielen, die wir schon im Vorjahr, wie geschildert, kennenlernen durften.

Unstrittiger Höhepunkt war sicher der Busausflug nach Prag, der Goldenen Stadt an der Moldau in Polen.

An der Grenze, beim kurzfristigen Aufenthalt, wurden wir wohl durch Bettler und Prostituierte belästigt. Wir überstanden es und bald ging es unkontrolliert weiter.

Zu Fuß erlebten wir die ausführliche Führung, dank einer sehr netten jungen Dame, durch die Stadt, auf sieben Hügeln erbaut, mit herrlichem Panorama. Wir pilgerten durch die schöne Altstadt mit den altertümlichen Kirchen und Gebäuden und über viele Brücken.

Die schönste und belebteste war wohl doch die berühmte Karlsbrücke.

Wir gingen durch die Burg „Hradschin" und kamen noch rechtzeitig zur zackigen Wachablösung. Leider konnte unsere Marianne aus gesundheitlichen Gründen nicht dabei sein. Da hat sie etwas verpasst, denn dieser Ausflug war ein nicht alltägliches, schönes Erlebnis.

Nach dem gemeinsamen Abendessen mit gemütlichem Ausklang am letzten Tag, fuhren wir am nächsten Morgen getrennt, aber gut erholt, Richtung Heimat.

Im nächsten Jahr (27.08. bis 6.09.2001) war unser Ziel Murnau am Staffelsee in Oberbayern.

Wir parkten im Hotel Ludwig. Nur in den ersten beiden Tagen hatten wir schönes Wetter, dann nur noch Dauerregen. Trotz alledem ließen wir uns aber nicht entmutigen und fuhren eben meist mit dem Auto unsere Ziele, dazwischen mit kurzen Spaziergängen, an.

Dies waren Garmisch-Partenkirchen, Weilheim, Oberammergau, Ettal, Mittenwald und der Starnberger See. Auch nach Seehaus führte uns der Weg. Eine Schifffahrt auf dem Plattensee wäre sicher sehr schön gewesen, wenn es eben nicht immer geregnet hätte.

Natürlich haben wir Bad Tölz nicht vergessen und rundum besichtigt.

Allerdings, die „Bullen-Polizei" haben wir nicht gefunden.

Auch Hohenschwangau / Neuschwanstein war zuletzt noch unser Ziel. Des Öfteren kehrten wir am Ort (Murnau) ins Gasthaus „Zum Stern" ein und besuchten in der Nähe das Grab von der Schwester/Schwägerin Erne (gestorben am 5.August 1992 im 58. Lebensjahr).

Vor unserer Rückreise trafen wir uns noch zum Mittagessen in der „Sonne" mit unserem Schwager Helmut Drigalle und verabschiedeten uns, nach der angenehmen Unterhaltung, zur Heimfahrt über das Schloß Linderhof, am Plansee entlang nach Reutte in Tirol und weiter ging es nach Füssen, Kempten, Memmingen, Ulm zum Endziel Stuttgart.

In diesem Jahr war ich besonders für den Betriebssport tätig und habe unter anderem die Sparte Badminton gegründet.

Ich war sehr oft bei den nachfolgenden Spielen und Turnieren voll dabei, bis ich diese Abteilung in die guten Hände der neuen Spartenleiterin Caroline Dosch übergeben konnte.

Schön war es, denn vom 14. bis 17. Mai ging es mit dem Seniorentreff Leicht nach Torgau.

Wir wurden im Hotel „Torgauer Hof" für 3 Tage einquartiert. Zuerst ging es zur Brauereibesichtigung (die Brauerei wurde von Schwaben Bräu -bei rd.90.000 hl Ausstoß- saniert). mit dem obligatorischen Umtrunk und anschließendem Stadtrundgang. Dabei nahmen wir zur Kenntnis; dass sich auf der heute nicht mehr bestehenden Elbbrücke die Russen und die Amerikaner 1945 die Händegeschüttelt haben.

Beeindruckend war das fürstliche Schloss mit den Bären im offenen Zwinger davor. Am nächsten Tag folgte die Fahrt in den Spreewald mit abschließender lustiger Bootsfahrt. Höhepunkt war am Schlusstag sicher die Besichtigung von Dresden mit der Übermittlung der Historik und einer jahrhundertealten Kultur der schönen Stadt (abgesehen von den sehr schweren Bombardierungen im zweiten Weltkrieg).

Bei der Busheimfahrt lag dann noch der Besuch der neuzeitlichen, vollautomatischen Braustätte der MauritiusBrauerei, - Tochter der Dinkelacker-Schwaben Bräu Stuttgart - in Zwickau, drin.

* * *

Am 14. November musste ich kurz, wegen Kniebeschwerden, durch einen Sturz beim Gang zum Briefkasten, in der Notfallpraxis des Marienhospitals vorbeischauen. Mit den verschriebenen Tabletten ging es ohne Schmerzen ganz gut weiter ... auch mit dem Tennis spielen!

Noch einige Ereignisse in 2001.

Beim 75. Geburtstag von Freund, Sportskamerad und Mitstreiter (meist Schiedsrichter) Hugo Böckle waren meine Frau mit mir dabei und meine zweitletzte Beerdigungsrede hielt ich auf Bitten meines Freundes Erich Raither (Verkaufsdirektor bei Dinkelacker) zum Tod von Walter Mayer (einst VkL). Des weiteren letzten Treff unseres Seniorentreffs beim „Kanonenbäck" in Rohr. Auch war ich bei der Beerdigung unseres „letzten Onkels Wilhelm" von der Linie Karst, der 94 Jahre alt wurde, in Bad Cannstatt ebenfalls dabei.   Natürlich waren meine bessere Hälfte und ich beim 80er Geburtstag von Schwager Helmut Drigalle in Eitting / Bayern zugegen.

2002:

Einen Kurzurlaub über 5 Tage, vom 21. bis 25. Mai, erlebten wir im Gasthof Löwen in Oberhaugstett. Marianne, Else (Oma von Ute) und ich waren fleißig mit dem Auto unterwegs (wie schon einmal im August 2000). Beide Damen waren halt nicht mehr so gut zu

Fuß, wie z.B. ich. Immerhin durchquerten wir den Park von Bad Liebenzell, vertraten uns die Beine rund um die Burg Zavelstein oder wir saßen recht gemütlich im Turmcafé zu Calw beisammen. Die letzten Tage dienten dann mehr der Erholung im Park des Kurzentrums Teinach oder im Lokal, meist auf der Terrasse, der „Löwen Rudolf und Ilse Blaich"!

Marianne musste schon vor diesem Trip, bereits am 8. Januar, zur Vorsicht, wegen einem angerissenen Bruch, beim Dr. P. in Rohr vorreiten.

Nicht vergessen darf ich das „Gerümpelturnier der SKG Botnang" am 8. Juni nicht. Wir waren mit fast einer reinen' Familienmannschaft angetreten, was man von den anderen Teilnehmern nicht behaupten konnte. Zusätzlich hatten wir noch das Pech, dass sich unser Torwart Alois verletzte und wir keinen Ersatzmann gefunden haben. Leider wurden wir Letzter und erhielten bei der Siegesfeier die rote Laterne. Dies hat mich mächtig geärgert, so dass ich dementsprechend reagiert habe ... nicht zu meinem Vorteil, das beinahe, eben nur beinahe, zum Vereinsaustritt geführt hätte.

Vorher, am 24. April, machten wir, der Seniorentreff, einen Ausflug nach Alpirsbach, zur abschließenden Besichtigung der dortigen Brauerei und dem gemütlichen Zusammensein im schönen Kasino. Ich hatte dabei das besondere Vergnügen, mich mit unserem früheren Vorstandsmitglied Henne länger zu unterhalten, der ja bei der Alpirsbacher Brauerei als Geschäftsführer fungierte.
Zuvor, am 27. Mai, hatte ich einen Bandscheibenvorfall, das durch eine Kernspintomographie als sicher festgestellt wurde. Also nicht Ischias, wie zuvor vermutet. Die ausgetretene Bandscheibe schrumpfte, wurde ausgeschwommen und dadurch kehrte die Normalität wieder ein. Wichtig: Es war keine Operation notwendig! Danach bekam ich noch ein Rezept zur vollständigen Genesung im

Vaihinger Klumpp - Zentrum, um auch gleichzeitig die Rückenmus-
kulatur zu stärken.

In unserem sogenannten Schicksalsjahr 2003 machten wir zum
letzten Mal Urlaub und zwar vom 4. bis 18. August im Panorama-
Hotel in Bad Herrenalb. Schon da waren die Anzeichen auf die
Atemerkrankung von meiner Ehefrau gegeben.

Wir fuhren meist mit dem Auto die Schwarzwaldumgebung ab
oder besuchten ein gemütliches Café in Halbhöhenlage am Rande
der Stadt Bad Herrenalb. Ganz abgesehen von unseren meist kurz-
weiligen Aufenthalten auf der schönen Hotelterrasse im Kreis weiterer Hotelgäste bei immer bester Unterhaltung.

Einmal wollten wir zum Kurkonzert und fanden nur weit entfernt
einen Parkplatz. Deshalb mussten wir entsprechend weit durch den
Kurpark zu der Veranstaltung gehen, so dass meine zweite Hälfte
so alle 10 m zum Sitzen verdammt war, um immer wieder zu Atem
zu kommen. Gott sei Dank waren genügend Bänke oder Stühle dafür da. Gerade noch kamen wir zurecht und durften so das Konzert
im Freien, bei Eis, Kaffee und Kuchen voll genießen.

Das Leben ging natürlich weiter, doch die Einschläge kamen näher. Am 15. Oktober wurde unsere Mutter Marianne ins Marienhospital wegen dem Bruch des 5. Lendenwirbels (nach dem Kel-
lertreppensturz) und wegen festgestellter schwerer Osteoporose
eingewiesen. Die Heilung ging zügig voran und gleich im Anschluss
wurde sie, vom 1. bis 29. November, der Albert-Schweizer-Klinik in
Königsfeld auf der Schwäbischen Alb zur Anschlussrehabilitation
übergeben.

Kurz: Anfahrt im Krankenwagen, wir, die Kinder mit mir, im Pkw
hinterher. Es ging schneller als gedacht, sodass wir uns formell verabschieden konnten, um am Abend noch bei der Geburtstagsfehde
von Schwager Günter (62) mitfeiern zu können. Sehr geruhsam feierten wir im Familienkreis das Weihnachtsfest, den Geburtstag von

Schwiegertochter Ute, Silvester und den Start ins Neue Jahr 2004 mit sehr gemischten Gefühlen.

Alarmstufe 1 gleich zum Jahresanfang. Mama Marianne weckte mich mitten in der Nacht auf: „Bitte mach´ doch schnell das Fenster auf, ich bekomme keine Luft mehr!"

Meine Antwort war daraufhin: „Wieso? Luft bekommt man doch immer!" Natürlich reiner Blödsinn meinerseits.

Trotzdem machte ich das Fenster auf und für Mama Marianne wurde es tatsächlich besser.

Apropos Krankheit: COPD und ausgeprägte Osteoporose meiner besseren Ehehälfte. Unser Hausarzt Dr. P. bescheinigte ihr schon zu Anfang des Jahres 2003 und weiterhin, dass sie lebensbedrohlich erkrankt ist und eine Verminderung der Lebenserwartung, sowie eine dauerhafte Beeinträchtigung der Lebensqualität zu erwarten hat. Wie recht er hatte, denn es kam eher schlimmer, doch der Stuttgarter Medizinische Dienst und die Krankenkasse (KKH) waren eben anderer Meinung. Ich kämpfte mit ihnen lange regelrecht um einen Rollator, um einen Toilettenstuhl oder um ein Pflegebett.

Vergeblich, ich musste sehr oft Widerspruch einlegen, doch stets ohne Erfolg. Erst nach einem 14-tägigen Krankenhausaufenthalt, wegen mehrerer Brüche, bekamen wir gnädiger Weise erstmal den geforderten Rollator und später den fahrbaren Toilettenstuhl, denn zu dieser Zeit war unsere Mama Marianne schon über 95 % bettlägerig, allerdings noch immer im eigenen Bett. Die Bescheinigungen und Atteste von unserem Arzt, als auch vom Krankenhaus wurden alsdann etwas ernster genommen.

Zur Auflockerung: Wir feierten am 4. Juni 2005 in der Nähe von Rommelshausen, auf Halbhöhenlage, im schönen Restaurant Waldschlössle, die Hochzeit von unserem ältesten Enkel Andi (Andreas) mit Bille (Sybille). Die Trauung ging bereits in der evangelischen Kirche in Steinhaldenfeld, mit am Ende aufsteigenden, weißen Tauben im Freien, über die Bühne. Auch die Hochzeitsparty war nicht von schlechten Eltern.

Höhepunkt war wohl der Auftritt von Travestie-Star Wommy Wonder, alias Michael Panzer, vom Stuttgarter Renitenz-Theater, bekannt auch durchs Fernsehen, mit seiner frivolen Schau, die aber etwas auf die Hochzeit zugeschnitten war. Oma Marianne hat sich sehr geärgert, dass sie nicht dabei sein konnte, was aber eben nicht zu ändern war.

Weiterer Höhepunkt war das 50-jährige Jubiläum unserer Sportgemeinschaft Schwaben Bräu am 16. September 2005 im Festsaal des TSV Rohr 1891 e.V., allerdings ohne Unterstützung durch die Brauerei. Deshalb musste ich einen Kostenbeitrag von € 30, für 2 Personen € 50, fürs Essen, fürs Bier und für den Sekt, verlangen. Mein Bemühen zeigte Erfolg, sodass wir für eine recht gute Abendunterhaltung sorgen konnten. Moderator und Entertainer Frank Pfauth führte gekonnt durchs Programm.

Zu Anfang begrüßte ich unsere Gäste im voll besetzten Saal mit einem kurzen Rückblick und den Ehrungen.

Vorrangig die Ehrengäste:

Vorstandsmitglied des TSV Rohr, Jürgen Elger, Ex-Brauerei-Vorstand; Walter Götz, Sportkreisvorsitzender; Werner Schüle, Altstadtrat und Ex-Präsident des SV Vaihingen; Erich Kopp, Stadtrat und Präsident des SV Vaihingen; Jürgen Sauer, vom BWBV e. V.; Dr. Horst Paproth, von den Freien Wählern; Hubert Steimle, sowie die Pforzheimer Delegation, voran Werner Vollmer und unter anderen, unsere ehemaligen Stamm- und Gastspieler.

Den Auftakt machte unser Schwaben Bräu-Singchor unter der Leitung von Chorleiter Heinz Hobinka und Ex-Direktor Günter Diekjobst. Im Non-Stop ging es weiter mit zwei Sketschen der Rohrer Humorer, mit Emil (Günther Stickel) und mit den außergewöhnlichen Tanzeinlagen Modern Jazz und Salsa Rueda, unter der Leitung von Sandra Irrgang.

Höhepunkt war ohne Zweifel der Auftritt der ein- und manchmal zweideutigen Schwäbin Eusebia Kächele, alias Gerald Maurer, von der Stuttgarter Gesellschaft Zigeunerinsel. Nach Programmschluss war Tanz für alle und recht gute Unterhaltung, bis spät in die Nacht, angesagt.

* * *

Noch im Dezember 2005 wurde meiner lieben Frau die Pflegestufe 1 genehmigt und auch ein entsprechendes Pflegegeld gewährt.

Da unsere Mama Marianne nun voll bettlägerig war, haben wir Anfang Januar 2006 eine Fachpflegekraft zweimal in der Woche von der Diakonie bekommen, die wir aber selbst bezahlen mussten. Dies wurde allerdings mit dem Pflegegeld (rund 100 €) voll aufgewogen.

Nach kurzem Aufenthalt, wegen weiterer Knochenbrüche, im Krankenhaus, wurde endlich, laut nochmaligen Attesten, am 7. Februar 2006 ein Pflegebett befürwortet und unsere Mama konnte ins größere, hellere Zimmer umziehen. Schon längere Zeit (seit Ende 2004) wurde unsere Mama Marianne mit Sauerstoff versorgt. Jede Woche wurde uns ein entsprechender Behälter geliefert, den wir jeweils im Korridor aufgestellt haben.

Eine ca. 12 m lange Leitung versorgte meine Patientin mit diesem edlen Stoff. Alles recht und gut, doch einmal wollte ich zu einer Sitzung des Stuttgarter Betriebssportverbandes gehen, doch unvorhergesehen musste unsere Hausfrau, Renate Bennert, die Aufsicht absagen.

Ich wollte trotzdem gehen, einer Eingebung folgend blieb ich aber zu Hause. Dies war ihr Glück, denn die Leitung wurde an einem Verschluss verstopft und der Sauerstoff floss dementsprechend nicht mehr weiter.

Der Tod hätte mit Sicherheit zugeschlagen. Gott sei Dank war ich zugegen und konnte das Übel beheben.

Mein Tagesablauf war für lange Zeit die Vollzeitpflege meiner besseren Hälfte. Natürlich musste ich auch die Hausarbeit übernehmen, das darf nicht vergessen werden. Wir bekamen zur Entlastung von der Diakonie zweimal in der Woche ein „Essen auf Räder", das wir, gemäß monatlicher Rechnung, ebenfalls selbst bezahlen mussten.

Der Todeskampf meiner Ehegefährtin und unserer Mutter in den Jahren 2006 und 2007 ging weiter. Es hat mich immer wieder sehr gewundert, wie unsere, einst temperamentvolle, Mama geduldig war und die schwere Zeit ruhig mit Lesen, Fernsehen oder auch mal mit dem Hinausgucken auf die Straße überbrückte. Sie hat sich gefreut, wenn ihre Enkel Tanja, Oliver oder Alexander, neben den obligatorischen Besuchen, und wenige Freunde zu Besuch kamen.

Ganz besonders lebte sie auf, wenn ihr ältester Enkel Andi mit seiner Frau Bille, die Urenkelin Marie auf dem Arm, an ihrem Bett verweilten.

Es wurde schlimmer mit der Ahnung zum baldigen Ableben. Der Körper baute immer mehr ab. Zuletzt stand ein Gewicht von 37 kg (bei der Größe von 1,68 m) zu Buche. Praktisch war sie nur noch Haut und Knochen. Unser Hausarzt Dr. P. wusste nicht mehr weiter und hat unsere Mama Marianne am 3. Dezember 2007 ins Karl-Olga-Krankenhaus im Stuttgarter Osten eingewiesen.

Sie machte lange Scherze mit den Schwestern und war eigentlich ganz gut drauf. Einen Katheter wurde -so nebenbei- sofort nach der Einlieferung „eingebaut". Dann am 1. Weihnachtsfeiertag baute sie sichtlich ab und wollte am Abend alleine sein. Wir mussten gehen. Zuvor bedankte sie sich mit sehr leiser Stimme bei mir für alles, was wir gemeinsam in über 60 Jahren, bei Höhen und Tiefen, erlebt haben und verbat sich zum Schluss das Weinen am Sterbebett. In die-

155

ser Nacht, am 26. Dezember 2007 schlief sie ganz friedlich ein. Ihre Angst vor dem Ersticken war unbegründet.

Der Oberschwester ist daraufhin ein kleiner Lapsus passiert. Sie zog zur generellen Benachrichtigung die zuletzt notierte Telefonnummer zuerst, das zur Folge hatte, dass ich als Letzter der vollzählig anwesenden Familie am Sterbebett eintraf.

Die diensthabende Schwester bestrafte mich dafür mit Verachtung. Vermutlich wurde sie von der Oberschwester gar nicht informiert. Ich habe es verkraftet.

Die Vorbereitungen für die Beerdigung liefen über das Bestattungsunternehmen Ramseier, hier in Stuttgart-Vaihingen. Dort erfolgte auch die Aufbahrung.

Wir hatten noch einiges zu tun, bis dann die Trauerfeier in der Kapelle beim Botnanger Friedhof am 2. Januar 2008 stattfinden konnte.

Pfarrer Helbig hatte schön gesprochen, wobei er einige besondere Erlebnisse im Leben der Verstorbenen während der Kriegs- und Nachkriegszeit kurz eingebaut hat. Zum Beispiel: Die fürchterlichen Tieffliegerangriffe auf die Wagen der Reichsbahn auf dem Weg zur Ludwigsburger Arbeitsstätte (mit vielen Toten) und auch, dass sie unter anderem als sogenannte Trümmerfrau eingesetzt wurde.

Weit über 150 Personen - Schulkameradinnen und Schulkameraden, viele Nachbarn, Traditionsfußballer und der gesamte Vorstand der Stuttgarter Sportpioniere - haben meine Marianne auf ihrem letzten Weg begleitet. Sportkamerad Erich Schmeil legte überraschend mit kurzen Beileidsworten einen Kranz der Traditionself Schwaben Bräu am Grabe nieder.

Wie spricht man so schön: „Das Leben geht weiter." Oder: „Danach fällt man in ein tiefes Loch!" Etwas ist wohl dran.

156

Ein Sprichwort sagt ja: „Der verdammte Kopf. Es ist alles drin, doch es ist irgendwie dumpf, eine Leere danach!" Immerhin waren wir über 58 Jahre lang verheiratet und hatten im Krieg des Lebens vieles zusammen erlebt.

Es war in der Tat nicht leicht, plötzlich alleine dazustehen.

Dank meiner zurecht gestutzten Arbeitsphilosophie (Sport, Treffs etc.) und des Zusammenhalts der Familie konnten die nächsten Jahre relativ gut überbrückt werden.

Einen kleinen Schicksalsschlag möchte ich kurz einblenden: In 2008 starben 3 gute und treue Sportkameraden:

Uwe Kraus (41), Hugo Böckle (82) und Hermann Sodermanns (74).

Am Ende des Jahres konnte ich auf 12 Siege, 4 Unentschieden und 12 Niederlagen (dies war noch nie der Fall), aber immerhin auf 2 Turniersiege in Maichingen und Ruit, unserer Traditionself zurückblicken. Ich hoffte und wünschte, dass der Horizont wieder erweitert wird und sich in die positive Richtung bewegt. Dies war leider ein Trugschluss, über das ich später noch weiteres berichten kann.

Auf mich kam das sogenannte Schicksalsjahr 2009 zu. Die erste Jahreshälfte - bis Ende Juli - war noch ganz gut, doch dann kamen starke Schmerzen in der linken Hüfte, mit Ausstrahlungen auf die Leiste, die Beine / Füße und auf den Rücken, auf. Wohl oder übel musste ich unseren Hausarzt Dr. P. verschiedene Male aufsuchen. Dieser überwies mich dann letztendlich am 9. September zum Orthopäden Dr. Sch., der mich dann, nach zweimaliger Untersuchung, ins Krankenhaus überweisen musste.

Am 28. September war es dann so weit. Ich wurde in der Sindelfinger Klinik operiert. Die Operation ist gut verlaufen und ich wurde bald zur Reha nach Lützenhardt (bei Freudenstadt) transportiert. Es lief bestens. Leider musste ich weiterhin mit einer Krücke laufen.

Während der Rehazeit konnte ich guten Anschluss finden. Ganz überraschend wurde ein alter Bekannter, Horst Müller, an meinen Tisch verwiesen. Es lag in der Natur der Sache, dass wir meist abends, neben den Frühstücks- und Essenszeiten, zusammen waren.

Dieses Jahr begann allerdings mit einem sportlichen Paukenschlag. Wir wurden als „Stuttgarter Alstars" am 10. Januar beim Dreikönigs-Hallen-Turnier (Ü 35) um den Ketterer Cup 09 - Pokal des Kickers Club '72 e.V. Pforzheim 1. Turniersieger und dabei zum 6. Mal in der langen Geschichte des Ausrichters.
Diesmal vor dem 1. FC Kaiserslautern, dem KSC Karlsruhe, dem SC Freiburg, der Eintracht Braunschweig, dem TSG 1899 Hoffenheim und dem 1. FC Nürnberg.
Hansi Steinle wurde als bester Torwart und Andi Walz als bester Turnierspieler ausgezeichnet.

Es folgten weitere Turnierteilnahmen und Freundschaftsspiele:
1. Februar in Bissingen (4. Platz)
21.März in Hemmingen (5.),
18. April in Heubach (1., vor dem 1. FC Heidenheim),
13.Juni in Hirschlanden (1.) und Feldspiele in Steinhaldenfeld (8:1 gewonnen) und gegen den ABV 1863 e.V., Stuttgart (6:3 gewonnen).
Danach war wohl Schluss mit Fußball in diesem Jahr.

Im Jahre 2010 ging es auf einem anderen Weg weiter.
Hervorzuheben ist gleich zu Anfang der 60. Geburtstag von Tochter Gisela in der Gaststätte des TSV Steinhaldenfeld. Schlecht war - trotz des Sonnenscheins - die Anfahrt und auch die Abfahrt bei Schnee auf den Straßen und teils Glatteis auf den Gehwegen. Umso schöner war die Geburtstagsfeier mit den vielen Gästen. Gisela - es

wurde im Kreis getuschelt, wie gut sie noch aussieht mit Sechzig - eröffnete mit kurzen Begrüßungsworten das Fest und wünschte recht guten Appetit. Danach wurden einige gute Einlagen seitens des Freundeskreises, zur allgemeinen Stimmung, die nicht besser sein konnte, vorgetragen. Auf ein Neues! Das war am Schluss die Parole ... auf zu 70!

Bei meinen Memoiren habe ich bewusst die allgemeinen Feier- und Festtage, wie zum Beispiel zu Ostern oder zu Weihnachten o- der zu Geburtstagen, ausgelassen. Trotzdem komme ich auf Axels Geburtstag im Dezember 2007 zurück.

Auch bei diesem Fest, im Lokal in der Nähe des Hauptfriedhofs, wurde auf die Pauke gehauen, denn immerhin wurde dieser Tag gemeinsam, mit der Schwiegertochter Bille,60 und 30, gefeiert, zu dem auch ich unter vielen anderen beigetragen habe. Insbesondere machte Furore der Song eines Schlagers durch Gisela in „Playback", das aber wohl niemand gemerkt hat ... einfach Klasse. Ich selbst habe mich nur gewundert, dass sie so gut singen kann ...

H O W K!

Sportlich begann das Jahr mit dem 4. Platz beim 33. Pforzheimer Dreikönigsturnier. Danach spielten wir erstmals am 30. Januar um die Stuttgarter Fußball Hallen-Meisterschaft und belegten den 1. Platz, der uns die Gelegenheit gab, am 20. März in Esslingen um den Baden-Württembergischen Titel zu spielen. Wir wurden dabei leider nur Vizemeister. Daraufhin wurden wir Turniersieger beim 10. Hallenfußballturnier der SGF-Polizei Stuttgart am 27. März in der Uni-Sporthalle Vaihingen. Zur gleichen Zeit gewannen wir auch das 2. Tischfußballturnier der Stuttgarter Polizei.

Hier muss ich einfügen, dass wir seit dem vorletzten Jahr mit ei- ner jungen Mannschaft, mit den jungen Aktiven, zu Felde zogen.

Durch eine neue Bestimmung in der Satzung des BWBV e. V. sind wir seit 2008 berechtigt bei Spielen und Turnieren des Verbandes teilzunehmen. Coach und Spielführer dieser Elf wurde unser Paulo Ribeiro, der schon ab 2008 bei unserer Traditionself Schwaben Bräu mitgewirkt hat.

Seit diesem Zeitpunkt spielen wir unter dem Namen „SG Dinkelacker-Schwaben Bräu '55 Stuttgart" mit neuem Emblem. Um den Landespokal spielten wir am 3. Juli auf Rasen der IBM-Sportanlage in Böblingen und belegten den 3. Platz. Im letzten Spiel kam es zu einem riesigen Tumult unter den Spielern. Auch meine Person wurde nicht ausgenommen, doch ich konnte mich - mit 2 Krücken laufend - leider nicht wehren. Axel übernahm meinen Part. Er hat danach mit mir beschlossen, nach diesem Vorfall aufzuhören. Es kam jedoch anders, denn wir konnten mit neuen Spielern -laut Paulo weitermachen.

Am 24. September ging das Abschiedsspiel der Traditionself Schwaben Bräu auf der Festwiese (gegenüber dem Stadion) über die Bühne. Organisator war mit mir unser Roland Mall (einst VfB Stuttgart). Es spielte die Stuttgarter Al-Star Auswahl gegen ehemalige Schwaben Bräu-Spieler (zusammengewürfelt), die dann auch noch mit 3:1 gewonnen haben. Am Spielfeldrand konnte ich als Zuschauer Buffy Ettmayer (einst VfB und HSV) herzlich begrüßen.

Nach dem Spiel trafen sich Spieler und Zuschauer im Nebenzimmer der VfB-Gaststätte bei Speis und Trank zum gemütlichen Ausklang.

Der endgültige Abschied unserer Traditionsmannschaft war dann noch am 9. Juli 2011 mit dem Festspiel SV Magstadt gegen unsere Rudis Traditionself, das von uns mit 6:2 gewonnen wurde. Ich war wenigstens mit meinen Krücken dabei und konnte nach dem Spiel - u.a. mit Gesangseinlagen unseres „Antonios" - noch im Freien mitfeiern.

Das war wohl der „letzte Paukenschlag", wie in der letzten Broschüre 2011 / 14. Auflage erwähnt.

Nicht zu vergessen: Trotzdem ich gesundheitlich schwer angeschlagen war, organisierte ich unsere Teilnahme beim 34. und letzten Pforzheimer Dreikönigsturnier (Ü 35) am 8. Januar 2011 in der Fritz-Erler-Sporthalle.

Wie im Vorjahr erreichten wir den 4. Platz in der Endrunde. Der Stolperstein in der Vorrunde und im Halbfinale war für uns der 1. FC Nürnberg ... also keine Schande! Selbstverständlich war ich mit meinen Krücken dabei und fieberte bis zuletzt mit.

In diesem Zusammenhang verweise ich nochmals - so nebenbei - auf meine jährlichen Broschüren, die bei Interesse gerne eingesehen werden können.

Bereits am 21. Januar 2011 wurden wir zum zweiten Mal Stuttgarter Hallen-Fußball Meister und am 26. Februar konnten wir wiederum ungeschlagen das Polizei-Hallenturnier gewinnen und damit den Wanderpokal verteidigen.

Erstmalig in der 56-jährigen Geschichte der Sportgemeinschaft Schwaben Bräu wurden wir am 19. März mit den jungen Aktiven Baden-Württembergischer Hallen-Fußball-Meister in 2011.

Neben meinem 85. Geburtstag am 22. August - ich wurde von OB Dr. Wolfgang Schuster besonders geehrt - feierten wir am 27. August bei der 5. Deutschen Betriebssport-Fußball-Meisterschaft auf Kleinfeld in Frankfurt am Main den 10. Platz unter 32 Teilnehmern. Das heißt auf gut Deutsch: Wir zählen noch zu den Top Ten Betriebssport- Mannschaften Deutschlands.

Schon zu dieser Zeit hatte ich sehr starke Schmerzen in der linken Hüfte, habe es aber versäumt rechtzeitig zum Arzt zu gehen. Nach vorhergehenden Untersuchungen war es am 15. September so weit. Ich wurde zur Aufnahme ins Sindelfinger Krankenhaus bestellt. Schwiegertochter Ute hat mich hingefahren und weiter begleitet. Gleich wurde ich am nächsten Tag operiert und am 18. September zum zweiten Mal. Bei diesen ersten, leichteren Operationen wurde dann festgestellt, dass sowohl die Hüfte, als auch die Prothese total von Bakterien, wohlgemerkt von Krankenhauskeimen, überhäuft war. Sofort wurde die Reinigung beschlossen.

Die 3. Operation wurde eingeläutet und die verseuchte Prothese entnommen. Ich stand „ohne" da und musste auf den Rollstuhl umsteigen. „Da steht Ihnen noch einiges bevor", erwähnte dazu die behandelnde Ärztin!

Tochter Gisela bemühte sich um ein Zimmer im Hause Betanien in Stuttgart-Möhringen zur Kurzzeitpflege. Am 5. Oktober konnte ich einziehen und bekam gleich einen vorsintflutlichen Rollstuhl, kurvte mit diesem im ganzen Haus herum und konnte so einige Bekanntschaften (weniger mit den vielen Demenzkranken im unteren Trakt) schließen.

Die Kosten von rund € 5.000 übernahm die Krankenkasse (KKH) nicht, so dass ich privat zur Kasse gebeten wurde.

Einmal fiel ich, beim Versuch aufzustehen, aus dem Bett und da lag ich nun ... hilflos, bis man mich nach kurzer Zeit gefunden hat. Vorsichtshalber fuhr man mich, auf meine Kosten, zu einem ortsansässigen Orthopäden, der Gott sei Dank keinen Schaden feststellen konnte. Andersmal kam es schlimmer. Die Blutwerte seien sehr, sehr schlecht. Ich wurde schnellstens ins Böblinger Krankenhaus, natürlich auch hier auf meine Kosten, gefahren.

Mein junger Pfleger war sehr aufgeregt, da ich nicht einsehen wollte, diese Fahrt auf mich zu nehmen. Vor lauter Verzweiflung schrie er mich an: „Warum weigerst du dich? Willst du unbedingt sterben?"

Dies wollte ich natürlich nicht. Das generelle Durchchecken brachte aber nichts. Bis zur Rückfahrt musste ich auf dem Korridor, im Bett liegend, sehr lange warten. Schon dachte ich, dass man mich total vergessen hat.

Bei Dunkelheit ging es dann endlich zurück.

Im Heim bekam ich nach dem verspäteten Abendessen noch 2 Blutkonserven verabreicht. Das war genau am 5. November 2011. Ich sollte dann nur noch schlafen.

Bis 24 Uhr klappte dies auch, doch dann kam eine körperliche Unruhe und eine starke Überhitzung des Körpers, sowie gewisse Alpträume, auf. Beruhigung dann um 3.00 Uhr. Daraufhin kam die geplagte Nachtschwester endlich zu ihrer verdienten Ruhezeit.

Am Tag darauf sollte ich im Bett bleiben, doch ich konnte es nicht lassen und versuchte, ohne Hilfe, aufzustehen. Durch das sehr harte Auftreten beim Aufstehen bekam ich starke Schmerzen im linken Oberschenkel. Die beiden Therapeuten bescheinigten mir einen Muskelfaserriss, was ich aber nicht unbedingt glaube wollte. Es war wohl ein Trugschluss, doch Vorsicht war am Platze. So nahm die Zeit ihren Lauf.

Vor meiner Entlassung bekamen wir Besuch vom Diakonie-Jugend-Chor Möhringen, der uns einige vorweihnachtliche Lieder vortrug.

Neben mir stand ein schon älterer Herr, der mit 100 % iger De-menz behaftet war. Er sang mit voller Brust alle Strophen der vor-getragenen Weihnachtslieder sehr begeistert mit. Ich konnte es nicht fassen und glauben, aber es war die Tatsache.

Am 29. November 2011 wurde ich wieder im Sindelfinger Kran-kenhaus aufgenommen und bereits am 30. November nochmals zur Säuberung, so der Chefarzt, operiert. 2 Tage danach ging dann wohl die schwerste Operation - die insgesamt Fünfte - über die Bühne. Um 14.30 Uhr wurde ich abgeholt und um 2.30 Uhr lag ich wieder in meinem Bett. Die OP selbst dauerte runde 6 Stunden, die restliche Zeit verbrachte ich im Aufwachraum mit einigem Erbrechen. Laut dem Oberarzt war die Einbringung der verlängerten Prothese sehr schwierig, aber es hat, Gott sei Dank, gut geklappt.

Dies zeigte sich schon damit, dass 6 Blutkonserven dabei verwendet wurden. Schwere Tage zeichneten sich ab.

Ich bekam einen Ständer mit dem Medikamentenbehälter ans Bett, eben zur laufenden Kontrolle und natürlich eine Pfanne unter den Hintern. Ich durfte ja nicht aufstehen. Jeden Tag kam einmal ein Physiotherapeut, der zu Anfang Bettgymnastik mit mir machte und später mir wieder das Laufen mit 2 Krücken etwas beibringen musste. Des Weiteren musste ich das Sitzen auf die Bettkante, mit gleichzeitigem Waschen und Essen, probieren.

Es ging alles sehr schnell, meist mit der guten Hilfe der netten Schwester Silvia, so dass ich zur Senioren-Reha bereits am 27. Dezember ins Böblinger Krankenhaus überführt werden konnte.

Senioren war wohl das richtige Wort und mit der ersten Reha in Lützenhardt nicht zu vergleichen. Sei es drum, ich musste durch.

3 Mal in der gesamten Zeit hat mich ein Therapeut mit Dehnungsübungen betraut. Die restliche Zeit verbrachte ich alle zwei Tage im kleinen Fitnesscenter oder bei der leichten Körpergymnastik im Sitzen oder beim Malen und Kneten.

Als mich die verantwortliche Schwester erstmals (und auch zuletzt) abgeholt hat, meinte ich zu ihr, dass sie bei mir übers Malen und Zeichnen noch etwas lernen kann! Sie schaute mich ganz ungläubig an mit der Antwort: „Das glauben Sie wohl selbst nicht!" Den Beweis habe ich erbracht und die junge Dame konnte es nicht glauben, dass man in meinem hohen Alter noch so gut und akkurat zeichnen kann. Sie hat mich um mein Bild gebeten, um es im Raum aufzuhängen.

Zum Reha-Abschluss möchte ich besonders erwähnen, dass ich einen prima Zimmerkumpel, nach dreimaligem Zimmerwechsel, bekommen habe, mit dem ich mich bestens verstanden habe:
Ewald aus Leonberg.

Leider ist er am 17. Mai 2013 verstorben, so dass wir uns nicht mehr, wie vereinbart, treffen konnten.

Am 16. Januar 2012 wurde ich aus der Reha BB entlassen.

Da sich unser Hausarzt Dr. P. - bei mir noch in der Kurzzeitpflege - in den Ruhestand verabschiedet hat, musste ich wohl oder übel einen anderen Arzt suchen. Dank dem Vorschlag meiner Schwiegertochter Ute nahm ich Verbindung zu Frau Dr. med. K., hier am Vaihinger Markt, auf.

Ihre erste Behandlung bei mir war, zusammen mit der Diakonie, die schwere Wunde am linken Fuß. Auf ihre Rezepte hin begann ich am 3. Februar die Krankengymnastik unter der Anleitung des Physiotherapeuten B. aus Vaihingen. Es ging ganz gut, so dass mir am 30. April gesagt wurde: „Ziel erreicht ... gehen mit einem Stock ist möglich."

So zwischendurch besuchte mich, genau am 24. Januar, der Stuttgarter Medizinische Dienst und genehmigte mir die Schwerbehinderung mit dem GdB von 50%.

Selbstverständlich habe ich meine Hobbys nicht vergessen können und gleich zwei Turniere gemanagt. Zum einen ging es um den Stuttgarter und zum anderen um den Baden Württembergischen Fußball-Hallen-Meistertitel 2012.

Am 21. Januar konnte ich leider noch nicht dabei sein, doch Waizenegger Junior Jürgen vertrat mich würdig. Wir wurden zum 3. Mal hintereinander souverän Stadtmeister.

Natürlich habe ich auch den Dank meinem Schwiegersohn Axel als Manager und an unseren Coach Paulo für ihren besonderen Einsatz ausgesprochen.

Am 17 März war ich wieder dabei und wir wurden ungeschlagen zum zweiten Mal Baden-Württembergischer Meister in der Esslinger Neckarsporthalle. Dadurch qualifizierten wir uns für die „Deutsche" in Dillingen an der Saar im darauffolgenden Jahr.

Eigentlich waren wir schon für das Jahr 2012 (wie kurz berichtet) für die Deutsche Hallenmeisterschaft in Kassel qualifiziert und mussten bereits im November des Vorjahres die Startgebühren bezahlen. Es kam alles anders als gewollt.

Ich wurde überraschend vom Orthopäden ins Krankenhaus eingewiesen. Somit konnte ich leider die entsprechende Organisation nicht abwickeln und musste absagen. Ärger hatte ich wegen der Rückzahlung der Startgebühren. Letztendlich wurden mir nicht mal die Hälfte zurück überwiesen.

Obwohl wir keine Turniere mehr absolviert haben, war es mir zu Hause danach nie langweilig. Weitere Fußbehandlungen wegen Dekubitus durch die Diakonie, Besuche von Sportkameraden, Schriftverkehr mit der Krankenkasse und mit dem Versorgungsamt (und mehrere Widersprüche, die dann auch zum Erfolg führten), SG Schwaben Bräu-Broschüre schreiben und nach Fertigstellung die Verteilung vorgenommen, Einkommens-Steuererklärung ausgefüllt.

Treff von den alten Sportkameraden und Ehrenmitgliedern der SKG Botnang, Teilnahme bei der Jahresfeier des Schwaben Bräu-Singchores, zu Geburtstagsfeiern innerhalb der Familie, Ausfahrten auf die Alb (z.B. nach Hengen ins Lamm) und in den Schwarzwald (Oberhaugstett, Teinach), zur Beerdigungs-Teilnahme meines Freundes und Sportkameraden Walter Jäger, zu den Sitzungen des BWBV Stuttgart und des Vorstands der Stuttgarter Sportpioniere, Suche nach dem Schulkameraden Helmut Wurst, den Volksfestbesuch der Sportpioniere organisiert, Besuche beim Rentner- und Brauertreff, als Zuschauer bei den Fußballspielen von Enkel Oliver und vieles andere.

Warum habe ich wohl diese nicht immer wichtigen Ereignisse aufgelistet. Nun eben deshalb, weil eine gewisse Freizeitgestaltung im hohen Alter fürs Gemüt, für den Umtrieb, für die Kurzweiligkeit und demzufolge auch für die Gesundheit sehr wichtig ist.

Klasse war natürlich der 60. Geburtstag von unserem Sportkameraden Capo (Gerd Riehm, Inhaber der Firma „Sport-Breitmeyer" in Stuttgart) am 30. März 2012 in den VIP-Räumen des VfB Stuttgart der Mercedes-Benz-Arena, sowie der 50. Geburtstag von Schwiegertochter Ute bei den Charlys Gartenfreunden Büsnau am 29. Dezember des auslaufenden Jahres. Es versteht sich, dass ich leider, - immerhin - mit 2 Krücken dabei sein durfte.

Vorab muss ich wieder die Erfolge unserer Fußballer der SG Dinkelacker-Schwaben Bräu durch die Jungen Aktiven erwähnen:
Am 19. Januar zum 4. Mal in Folge Stuttgarter-Fußball-Hallen-Meister und am 1. / 2. Februar 3. Platz und Gewinner der Bronze-Medaille bei der deutschen Fußball-Hallen-Meisterschaft in Dillingen im Saargebiet.
Weiter ging es erfolgreich am 16. März. Wir wurden zum 3. Mal Baden-Württembergischer Hallenmeister der Aktiven und qualifizierten uns erneut für die Deutsche 2014 in Hagen.
Am 22. Juni wurden wir noch Turniersieger bei der ersten Revival-Fußball-Kleinfeld-Meisterschaft des TSV Jahn Büsnau 1951 e.V. für Hobbys- und Betriebsmannschaften im Büsnauer Stadion.
Dann war Schluss für dieses Jahr. Immerhin war ich, trotz meiner angeschlagenen Gesundheit in allen Belangen voll dabei.

Was stand mir 2013 sonst noch bevor?
Diese Infos in Kurzfassung:
7. Januar: Unser Freund und Sportkamerad Heinz Aldinger (FIFA-Referee a.D.) feierte seinen 80. Geburtstag,
25. /valuta 19. Februar: 57. Geburtstagsfeier von Tochter Birgit in Böblingen,
9. März: Massagegerät zum täglichen Gebrauch erhalten,
13. März: Schriftlicher Dank für Spende von Herrn Walter Götz (einst Vorstandsvorsitzender der Brauerei Rob. Leicht AG),
4. April: Suche nach meiner „Ehemaligen" (Elli Schlagowski, heu-

te Elisabeth Reinholz), ohne Erfolg,

19. April: Beginn der Behandlung (Massagen) durch die Heilpraktikerin aus Aidlingen gegen Bezahlung. Nach dem dritten Mal in Folge war Schluss,

20. April: 78. Geburtstag von Gerhard Odenwald (der andere Opa von den Urenkeln Marie und Luca) in Strümpfelbach, u.a. bei gutem Spargelessen,

23. April: Jahreshauptversammlung des Stuttgarter Betriebssports in Zuffenhausen,

8. Mai: Spaziergang zum Katzenbacher Hof,

13. Mai: 2. Brücke beim Zahnarzt Dr. B. in Botnang erhalten,

5. Juni: Ausflug „Augsburg" mit den Stuttgarter Sportpionieren,

26. Juni: Besuch des Internationalen Tennisturniers in Vaihingen,

24. Juli: Besuch mit den Sportpionieren im Stuttgarter Brauhaus Schönbuch,

8. August: Eröffnung Vaihinger Hof -Haus Greek Garden-,

19. August: Jahresuntersuchung mit Blutabnahme durch Frau Dr. K., Vaihingen, die wohl sehr ordentlich ausfiel und

20. August (zu meinem Geburtstag) Lieferung des neuen Bauknecht-Kühlschrankes.

Diese Aufzeichnungen sollen zeigen, dass ich zu diesem Zeitpunkt - wohl mit 2 Krücken - noch ganz fit war!

Zum Ende des Jahres überraschte uns die recht traurige und überraschende Mitteilung vom Tod unseres Freundes und Sportkameraden Erich Schmeil. Bei seinem 70. Geburtstag, am 16. Juli, saßen wir noch gemütlich auf seiner Terrasse zusammen. Das Geburtstagskind war guter Laune und sehr humorvoll, sodass wir alle den Eindruck hatten, dass er seine schwere Krankheit überwunden hat. Das war ein Trugschluss: Unser „Eisenfuß" Erich starb am 5. Dezember 2013. Sportkamerad Frank Potrykus rief mich kurz an mit der Meinung, dass bei der Beerdigung einer von uns doch sprechen sollte. Ich habe abgelehnt, schon wegen meiner bekannten Behinderung.

Einen Tag später rief mich Frank wiederum an: „Keiner will die Grabrede halten. Du solltest deshalb unbedingt einspringen."

Notgedrungen willigte ich ein, dem Erich zuliebe, aber nur mit einer kurzen Trauerrede in der Kirche. Gesagt, getan.

Nach kurzer Vorbereitung sprach ich am 12. Dezember in der Echterdinger Stephanuskirche, die mir viel Lob bei der Trauerfamilie, bei den Sportkameraden und auch bei Herrn Pfarrer Scheiber einbrachte. Nicht bei der Beerdigung, aber beim Umtrunk in der Kickers-Gaststätte nahm ich mit meinem Begleiter Roland Eger auf Einladung von Frau Ingrid Schmeil, gerne teil.

Mit den Vorbereitungen zu Weihnachten ging das Jahr fast geruhsam zu Ende. Allerdings feierten wir noch den 51. Geburtstag am 29. Dezember von meiner lieben Schwiegertochter und den Heiligen Abend dann bei Tochter Birgit in Böblingen. Den 1. Feiertag verbrachte ich wunschgemäß im eigenen trauten Heim, um ausgeruht den Zweiten bei Jürgen und Ute bei gutem Festessen und gepflegten Getränken zu verbringen.

An Silvester war wiederum Ruhe, beim guten Fernsehprogramm, angesagt. So begann auch das Neue Jahr 2014 und zwar erstmal mit der Niederschrift meiner Broschüre 2013. Nicht vergessen darf ich das Kennenlernen von Frau Liesl (79) aus Leinfelden mit der Hoffnung auf ein nettes Zusammenleben in den nächsten noch verbleibenden Jahren. Es beginnt halt ganz langsam, sodass ich für die Fußballer der SG Dinkelacker-Schwaben-Bräu und auch für den Vorstand der Stuttgarter Sportpioniere bald nicht mehr zur Verfügung stehen kann. Doch vorläufig ging es weiter mit vielen Kleinigkeiten.

23.01.: Vorstandssitzung der Stuttgarter Sportpioniere in Münster,

8.02.: Hallen-Fußball-Turnier - ebenfalls in Stuttgart-Münster -

wir wurden Stuttgarter Meister 2014!

Geburtstagsfeier von Birgit am 22. Februar (57 am 19.02.) in Böblingen.

Absagen - nach langen Vorbereitungen - zum Fußball-Turnier um die Deutsche Hallen-Meisterschaft 2014 in Hagen/Westfalen und für die dortige Jugendherberge, sowie an die Sponsoren (Brauerei Dinkelacker-Schwaben Bräu, Herrn Prof. Dr. Walter S. und Herrn Walter G.) am 25. Februar 2014.

25. März: Erster geplanter Besuch von Frau Kaufmann zum Kennenlernen,

28.03.: bei der Beerdigung von einstigem Kollegen Wilhelm Hörner (89) teilgenommen,

10.03.: neuen Laptop (Epson L 355) erhalten und eingestellt,

18.04.: Schwächeanfall in der Nacht,

20.04.: 79. Geburtstag von Gerhard Odenwald in Strümpfelbach (wie im letzten Jahr) gefeiert.

29.04.: Hauptversammlung des BWBV Stuttgart in Zuffenhausen. Axel Herold erhielt die Ehrennadel in Gold und Paulo Ribeiro die Bronzene, jeweils mit den Urkunden, überreicht (auf meinen Vorschlag hin).

10.05.: Geburtstagsfeier von Enkel Alexander (23.),

12.05. vom MDK (Medizinischer Dienst) Absage für Pflegeversicherung erhalten. Zusätzlichen, billigen Drucker (brother) erhalten und eingerichtet.

22.05. mit Birgit das Thermalbad Böblingen besucht ... war wohl gut für meine Gesundheit.

23.05.: Gedruckte Broschüren 2013 erhalten und in der Folge 43 Exemplare versandt (die restlichen 35 Hefte habe ich jeweils persönlich überreicht).

31. Mai: Gebrauchten, gut erhaltenen, großen Fernseher von gutem Bekannten und Freund, kostenlos erhalten und gleich angeschlossen.

Reifenpanne, am 10. Juni bei der Fahrt nach Leonberg zu Schwager Günter (der gesundheitlich sehr angeschlagen war) und zur lieben Schwägerin Hannelore. Der Sohn, mein Neffe, Stefan reparierte sehr gekonnt und schnell vor Ort.

Am Freitag, dem 13., wollte ich dem bofrost-Fahrer nachlaufen, um ihm ein kleines Trinkgeld zu geben. Dabei blieb ich in der Eile am Fuß des Schreibtisches hängen und schon lag ich flach. Nur mit Mühe und der Hilfe des Fahrers kam ich langsam wieder hoch. Seitdem habe ich stärkere Schmerzen im Rücken und in der linken Hüfte.

Gott sei Dank, laut meiner Ärztin, Dr. K., am 8. Juli, sei die Prothese nicht betroffen. Allerdings sollte ich trotzdem weiterhin Gymnastik - wegen der Muskelschwäche - machen, sowie den Heimtrainer benützen. So zwischendurch, am 5. Juli, feierten wir den 46. Geburtstag meines Enkels Andi in Waiblingen-Neustadt.

Natürlich nicht zu vergessen der Besuch mit dem Seniorentreff Schwaben Bräu am 18. Juni beim Vaihinger Hundeverein. Es wurde auf der Terrasse ein prima Essen, zum köstlichen SB-Pils, bei allerbester Unterhaltung, serviert.

Betriebssport 2014.
Wie schon kurz berichtet, haben wir nur bei einem Turnier teilgenommen und wurden Stuttgarter-Hallen-Fußball-Meister. Bei diesem Schlagabtausch haben mir 12 Spieler für die „Baden-Württembergische 2014" in Esslingen und für die Deutsche Hallenmeisterschaft 2015 in Hagen/Westfalen fest zugesagt. Leider wurde sehr, sehr kurzfristig wieder abgesagt, was mich nachhaltig geärgert hat.

Ebenso musste ich absagen beim BWBV e. V. fürs Friedrichshafener Großfeldturnier am 19. Juli, sowie für die Turniere auf Rasen beim TSV Büsnau am 21. Juni, beim ABV Degerloch am 24. August und ebenfalls für den 19. Juli beim SV Vaihingen. Dort wäre ich sogar, welch´ große Ehre, als Ehrengast begrüßt worden. Doch wegen meinem schlechten Gesundheitszustand musste ich leider absagen.

Die Fußball-Weltmeisterschaft 2014 in Brasilien wurde am 16. Juni mit dem Spiel gegen Portugal (4: 0 gewonnen) gestartet. Es verstand sich von selbst, dass ich alle Spiele verfolgte und das sehr spannende, schöne und faire Endspiel Deutschland vs. Argentinien (1: 0 gewonnen) am 13. Juli mir mit Freude angeschaut habe. Die „4 Sterne" hatte sich die deutsche Elf redlich verdient.

Weiter ging es im Alltagstrott. Am 4. August wurde uns von Birgit mitgeteilt, dass die Lebensgefährtin ihres Ex-Mannes, Freddy, durch einen Suizid, mit unbekannter Ursache, verstorben ist. Es herrschte scheinbar große Befangenheit in Mannheim.

Zur Aufmunterung und auch etwas zur Erinnerung an den „Ersten Weltkrieg" fällt mir folgende, nette Anekdote von „Großvater Karl Rommel" ein:
Harte Kämpfe am Hartmannsweilerkopf in den Vogesen. „Es ging hin und her, Aug´ um Aug´, Zahn um Zahn, immer Bumba Bumba! Doch an Weihnachten haben wir, Freund und Feind, während der Waffenruhe gemeinsam gefeiert!"

Karl Rommel starb im Jahr 1953 mit den Worten „Bumba, Bumba" auf den Lippen.

2014 ging es noch lebhaft weiter für den „Herrn im hohen Alter". Hier ganz kurz noch die restlichen Aufzeichnungen:
Beerdigung von Schwager Günter Heppeler am 15.09. in Leonberg (Urnenbeisetzung am 1.10.),
Einladung von Elke Odenwald zum 70. Geburtstag nach Strümpfelbach am 27.09.,

Trauerfeier zum Tod von Schwager Karl Deess in Schorndorf am 6.10. (Urnenbeisetzung am 20.10.),

Volksfestbesuch mit Begleiter Roland Eger am 9.10.,

mit dem Seniorentreff Schwaben Bräu im Naturfreundehaus Büsnau am 15.10.,

zum Ableben unseres Gründungsmitgliedes der BSG Schwaben Bräu im Jahre 1955,

Ludwig Thoma, geschrieben. Er starb im Alter von 85 Jahren am 13. November.

Am 26.12. Weihnachtsbesuch bei meiner Enkelin Tanja und ihrem Verlobten Dennis in Pforzheim.

Nicht verhehlen möchte ich, dass ich mit Frau Liesl (mit Brief vom 7.11.14) nach einigen Treffs, die mir nicht unbedingt gefallen haben, Schluss gemacht habe.

Silvester verbrachte ich beim Fernsehen mit kleinem Festessen (Saitenwürstchen mit Kartoffelsalat) und einigen „Viertela" gutem Weißwein.

Leider musste ich aus gesundheitlichen Gründen auf einige Einladungen Absagen erteilen: Zum Besuch von Carls Brauhaus, zur NGG-Jubiläumsfeier (150 Jahre), zum Sommerfest Büsnau, zum Brauereifest Dinkelacker - Schwaben Bräu im Stuttgarter Westen, zum Treff der Ehrenmitglieder der SKG Botnang und zu dem Jahresausflug der Stuttgarter Sportpioniere nach Zwiefalten / Marbach ... doch den Geburtstag von Enkel Andi in W-Neustadt am 5. Juli konnte ich wahrnehmen.

Rückblickend möchte ich doch noch gerne auf meinen sehr angeschlagenen Gesundheitszustand hinweisen, nachdem sich im Jahre 2010/11 die Krankenhauskeime bei mir eingenistet haben, unter die ich noch heute zu leiden habe.

Weiter geht's wieder im alten Trott, doch schon ab dem 3.02. bis zum 30.05.2012 Behandlungen (Rückenmassagen) durch den Physiotherapeuten mit dem Ergebnis, dass ich mit einer Krücke oder mit einem Gehstock wiederum gut laufen könnte.

Leider nicht allzu lange (mit einer Krücke), denn dann kamen die Arthroseschmerzen im rechten Bein- und die Osteoporose Beschwerden, sowie die Lymphdrüsenerkrankung, dazu.

Täglich, jeweils am Morgen und am Abend zu unterschiedlichen Zeiten, besuchten mich die Diakoniebetreuungen zum An- und Ausziehen der Stützstrümpfe. Auf Rezept massierte mich diesbezüglich die Lymphtherapeutin Bettina K., die mir erklärte, dass ich diese Behandlung bis an mein Lebensende erdulden muss.

Dies war wohl eine falsche Info, denn es wurde besser und Frau Dr. K. befürwortete, dass ich auf Zeit sowohl die Strümpfe, als auch die Massagen vergessen kann.

Leider, leider haben sich die Rückenschmerzen, mit Ausstrahlung auf die Knies, verschlimmert.

Der Orthopäde, bescheinigte mir ja bereits am 23.9.2014, dass die Wirbelsäule kaputt - krumm - ist, doch eine Operation er nicht empfehle. Deshalb sollte ich weiter die verschriebenen Tabletten einnehmen. Diese nehme ich ein, doch helfen tun sie leider nicht.

Der Lebenslauf ab 2015 verlief etwas geruhsamer. Höhepunkt war sicher das Jubiläumsfest 60 Jahre SG Dinkelacker-Schwaben Bräu am 27. Juni im Restaurant Vaihinger Hof, „Greek Garden", was wohl einiger Vorbereitungen bedurfte, aber dann gut, schön und unterhaltsam über die Bühne ging.

Vorher schrieb ich einen kleinen Bericht zum 10-jährigen Jubiläum unseres Seniorentreffs, machte 50 Kopien und verteilte diese beim Treff am 4. Februar verspätet im King-P. China Restaurant Vaihingen.

Weiter nichts Besonderes, es sei denn, dass ich ab dem 1.03.2015 der Pflegestufe 1 zugeordnet wurde und gleichzeitig monatlich das entsprechende Pflegegeld bekomme. Nicht nur das (nach vielen Widersprüchen): Seit dem 17.07.15 habe ich den Schwerbehindertengrad 100% (einschließlich Schwerhörigkeit) und zusätzlich auch die blaue Parkplakette erhalten.

Was will man mehr ... wenn schon nicht mehr die volle Gesundheit aufzuweisen ist.

Des Weiteren noch einige Termine die ich wahrgenommen habe:

Suche nach dem Aufenthalt meines Schulkameraden und einstigen Freundes Helmut Wurst ... leider ohne Ergebnis.

Am 5. April bei Jürgen/Ute zum Ostern-Maultaschenessen, Treff der SKG Botnang-Zweite von einst im Vereinslokal am 16. April., Gratulation zum 80 sten Geburtstag (* 20. April) von Gerhard Odenwald, dem anderen Ur-Großvater. Gefeiert wurde am 2. Mai in Hegnach.

Alsdann überraschende Einweisung durch den Notarzt ins Marienhospital am 10. Juli um 17 Uhr wegen einer schweren Bronchitis-Erkrankung und wegen angeblichem Kaliummangel, Entlassung am 17.07., gesund und munter, am späten Vormittag.

Die Geburtstage 55 und 89 von Jürgen (*2.08.) und meiner Wenigkeit (*22.08.) wurden nur im kleinsten Kreise gefeiert.

Im größeren Kreis dann den „Achtundachtzigsten" von meinem Schwesterherz Liese (*28.08.) am 30. August in Schorndorf.

Das 50.jährge Jubiläum unseres Schwaben Bräu Singchores ging am 21. September im Vaihinger Bürgerhaus über die Bühne und am 8. Oktober besuchte ich, in Begleitung meines Kollegen Leo Zielke, das Cannstatter Volksfest (von mir organisiert), auf Einladung der Stuttgarter Sportpioniere.

Ganz groß dann am 10. Oktober die Hochzeit von Michael mit Karin in Haiterbach im Schwarzwald.

Nach der standesamtlichen Trauung wurde in den „Oberhaugstetter Löwen" (zu Rudolf und Ilse Blaich) herzlich eingeladen. Nach dem vorzüglichen Essen und den gewünschten Getränken wurde bei bester Unterhaltung bis in den frühen Abend gefeiert.

Am 22. Oktober: Treff der Ehrenmitglieder von der SKG Botnang, am 31. November fand die Hauptversammlung der Stuttgarter Sportpioniere statt und am 2. Weihnachtstag war ich - zu Speis und Trank etc. - bei Jürgen und Ute zu Gast.

Unser lieber Vetter Helmut Stieger ist durch einen tragischen Unfall verstorben. Die Beerdigung war am 28. Dezember, der ich leider, aus gesundheitlichen Gründen, nicht beiwohnen konnte.

Zu guter Letzt feierte ich, wiederum allein, an Silvester, zum Start ins Neue Jahr 2016, mit einem guten Essen und einem Bierchen von Schwaben Bräu. Gemütlich machte ich es mir dann zu der recht guten Silvestershow des Deutschen Fernsehens, bei nicht nur einem Glas guten Sekt von Rilling. Es war trotzdem sehr kurzweilig, so dass ich erst um 2.45 Uhr ins Bett stieg.

Los ging es gleich im neuen Jahr -und zwar am 4. Januar- zum achtzehnten Geburtstag von meinem Urenkel Justin, gut organisiert von Tanja in „ihrem" Pforzheimer Café! Giselas Geburtstag folgte am 9. Januar, diesmal nur mit telefonischer Gratulation aus besonderen Gründen.

Weiterhin konnte ich aus gesundheitlichen Gründen keine Termine mehr annehmen. Ich wurde schwer krank (bettlägerig), bis ich letztendlich am 17. März, wegen Thrombosegefahr, durch den Notarzt, ins Krankenhaus (Marienhospital), bis zum 23. März eingewiesen wurde.

Siehe gesonderten Bericht am Schluß nach den Erinnerungsaufzeichnungen.

So ganz nebenbei eine nette Begebenheit während dieser Zeit:

Ein junger Praktikant weckte mich in der Nacht um 2 Uhr aus meinem Tiefschlaf mit der Bitte, mich wiegen zu dürfen. Meine Antwort war natürlich: „Du bist wohl verrückt. Schreib´ 85 kg auf und hau´ ab!" Am nächsten Nachmittag wurde ich dann doch gewogen: 86 kg.

Zum einen bekam ich (vor der Krankenhauseinweisung) vom 3. Februar bis 9. März eine Krankengymnastik, auf einem Stuhl sitzend, durch den Therapeuten verschrieben.

Zum andern folgten nach dem Krankenhausaufenthalt, also vom 30.03. bis 27.04. und vom 11.05. bis 15.06. die MT Massagen im Bett (MT = Manuelle Therapie).

Erfolg: Nicht wesentlich besser geworden, sodass ich mich in der Folge kaum gewagt habe - u.a. wegen den Gleichgewichtsstörungen - nach Draußen zu gehen (das mir wohl sehr empfohlen wurde).

Natürlich mit einigen Ausnahmen, die mir schwer gefallen sind: Zum Beispiel zum 25. Geburtstag am 8.05. von Alexander (mit Hilfe von Jürgen), zum Zahnarztbesuch am 9.06. (mit Birgit), zum Büsnauer Sommerfest am 19.06. mit Freund Roland Eger, sowie zum Pressestammtisch beim TSV Rohr mit Hilfe (Abholung) des 2. Vorsitzenden Ernst König am 17.07.2016, zu gehen. Es ging wohl recht gut über die Runden, mit der Hoffnung auf eine halbwegs bessere Gesundheit in der Zukunft.

Man kann es kaum glauben: Ich bin schon über 26 Jahre im wohlverdienten Ruhestand, bzw. im Unruhestand.

Immer wieder höre ich, dass ich mich „im hohen Alter" befinde und ich eigentlich zufrieden sein kann. Sicher bin ich im Großen und Ganzen noch zufrieden, doch ich merke schon, dass ich ganz

langsam bei den Freunden, Kollegen, Sportkameraden, Gewerk-
schaftlern, Sportpionieren und Bekannten, mehr oder weniger verständlich, in Vergessenheit gerate. Es kommen halt auch immer
weniger Anrufe und Mails. Ausgenommen ist natürlich die Familie,
die, Gott sei Dank, in guter Eintracht hinter mir steht.

Vergessen darf ich natürlich meinen Freund und „Coach" Paulo
Ribeiro , sowie unseren Teamchef Axel und unseren Betreuer Jürgen nicht, denn es geht hoffentlich mit „neuen Spielern" für die SG
Dinkelacker-Schwaben Bräu und mit dem „Manager am Schreibtisch" im Betriebssport weiter.

Zum Schluss
Dank allen,
ganz besonders
meinem Dreigestirn:
Gisela, Birgit
und
Jürgen
mit Anhang!

Nachfolgend: Extraberichte (wie erwähnt)

Kurz und bündig:

Euer Rudi

Ahoi zu 90!

Zum Krankenverlauf 12.03. bis 23.03.2016
(mehr zum Lesen, als zum Erzählen)

Am Samstag, dem 12. März um 15.00 Uhr: Mittagessen aus der „Bassermann-Schachtel", die schon einige Tage in der Küche auf dem Schränkchen lag - das wohl nicht ganz in Ordnung war!

Am Abend setzte ich mich frohgelaunt um 20 Uhr in meinen Sessel mit einem Schokoriegel auf dem Tisch - zum Fernsehabend. Erstmal zu den ARD - Nachrichten und danach folgend zur Show zu „Klein gegen Groß" mit dem Moderator Kai Pflaume.

Kurz vor 23 Uhr bekam ich plötzlich sehr starke Kopfschmerzen, Halsschmerzen, Husten, Schüttelfrost, Zittern, geschwollene Lippen und mindestens 5 Mal starkes Erbrechen. Alsdann Tiefschlaf bis zum nächsten Tag (Sonntag, 13.03.) um 12.30 Uhr. Aufgewacht durch den Besuch von Tochter Gisela und Schwiegersohn Axel, die - unwissend- zum Essen gekommen sind. Am frühen Abend wurde durch meine Kinder der Notarzt angerufen, der meinte, dass sich ein Virus eingeschlichen hat, bei Fieber von 39,8 Grad (führte dabei auch das Wirbelsäule-Syndrom an) und verschrieb mir entsprechende Tabletten.

Vorher kam schon der Notfalldienst mit Krankenwagen, den ich abgelehnt habe.

Dann Ruhe, sodass ich am nächsten Tag aufstehen konnte -und mich bis zum Donnerstag, dem 17. März recht wohl gefühlt habe.

Meine Kinder sahen sich um die Mittagszeit meinen linken Fuß und meine Beine an und stellten eine starke Schwellung (mit einem „Entzündungszeichen") fest. Frau Dr. K. bat nach Anruf um den Besuch in ihre Praxis. Bei uns daheim war man der Meinung, dass dies bei der Thrombosegefahr nicht geht. Daraufhin wurde der Hausbesuchsdienst der Notfallpraxis angerufen.

Der Arzt kam am späten Nachmittag und stellte ebenfalls die Gefahr einer Thrombose fest und bat alsdann um sofortige Einlieferung ins Krankenhaus. Sohn und Schwiegertochter fuhren mich schnellstens ins Marienhospital.

Gleich wurde ich von Dr. W. untersucht, der allerdings keine Thrombose vermutete und überwies mich zu weiteren Untersuchungen in den 6. Stock ins Zimmer 104.

Ab dem nächsten Tag - mein linkes Bein wurde verbunden (bis zum letzten Tag wurde der Verband nicht abgenommen) gingen alle Untersuchungen gut für mich aus.

Einige Beispiele: Beim Ultraschall untersuchte mich sowohl eine Ärztin, als auch der Oberarzt, der mir dann eine beste Gesundheit bestätigte. Er meinte, dass ich für mein Alter noch sehr fit bin und wünschte mir weiterhin alles Gute. Nicht anders ging es auch bei den weiteren Untersuchungen.

Am vorletzten Tag wurde ich nochmals zum Ultraschall verwiesen. Dort untersuchte mich die Ärztin (Japanerin) sehr, sehr gewissenhaft, aber auch schmerzhaft. Jede Vene wurde durchgetastet und in Ordnung befunden. Eine kleine Wunde hatte sie hinten in der Wade wahrgenommen. Meine Erklärung dazu war, dass ich mein Bein öfters an der Bettkante beim Aufstehen angeschlagen habe. Dazu meinte sie dann: „Diese Wunde muss endgültig ausheilen, dann geht auch die Schwellung zurück."

Es ist also keine Lymphdrüsenschwellung

Auf dem Zimmer bekam ich sehr oft Antibiotika angehängt und noch öfters wurde der Blutdruck gemessen (wenn es sein musste, sogar mitten in der Nacht). Dieser schwankte meist sehr hoch bis mittelmäßig: 200 bis 160!

Schwer für mich war das sehr niedrige Klosett und der niedrige Badeschemel. Auf meine eigentliche Krankheit wurde nie eingegangen. Auf den entzündeten Dekubitus wurde ebenfalls kein Blick geworfen.

Mein nächtlicher Husten wurde lange nicht beachtet, bis ich

dann einmalig ein Mittel in den Mund bekommen habe. Dies nur am Rande.

Nochmals zum vorletzten Tag. Der liebe, junge Stationsarzt kam zu mir mit der Info, dass ich ein großes, schwaches Herz und eine vergrößerte Prostata habe.

Deshalb sollte ich noch zum Urologen und zum „Echo" gehen. Der Urologe untersuchte mich sehr hart und aufwendig und bescheinigte mir zum Schluss, dass bei mir alles einwandfrei und sehr gut funktioniert. Spöttisch fügte er noch -mit Sicht auf den jungen Stationsarzt hinzu-: „Sie brauchen nicht mehr zum Urologen gehen."

Fast zu spät kam ich beim Echo-Herzspezialisten an, der bei der Untersuchung heftig über den jungen Arzt mit den Worten „Die haben keine Ahnung", schimpfte. Dem werde ich´s beibringen, denn mein Herz sei sehr gut und ohne irgendwelchen Beanstandungen.

Zum Abschlussgespräch am 23. März: Es war beschämend für mich, dass ich vom jungen Stationsarzt und vor allem vom älteren Chefarzt als „Individuum, das nicht mehr knusprig ist" behandelt wurde. Im Beisein von meiner Tochter Gisela sprach der Chefarzt nur diese an, obwohl beide Ärzte wussten, dass ich mein linkes Hörgerät im Krankenhaus bei irgendeiner Untersuchung verloren habe. Eben ... Ich verstand so gut wie nichts.

Schon einen Tag zuvor, der Chefarzt allein an meinem Bett: „Kommen sie Zuhause gut zurecht oder müssten wir sie in ein Heim einweisen?" Meine Antwort: „Ich komme mit Hilfe meiner Familie gut zurecht." Hätte ich mit: „Ich bin meist alleine zu Hause", geantwortet, dann wäre es wohl geschehen um mich!

Kleiner Abschluss zum Nachdenken: Stationsarzt: „Kommen Sie noch mit ihrem Blutdruckgerät zurecht?"

Das Alter ist beschwerlich: Rudi Waizenegger am 27. März 2016

Einlage: Erinnerung
Aktuell am 19.April 2015

Ein Leserbrief in den Stuttgarter Nachrichten:

„Genau vor 70 Jahren marschierten die französischen Truppen in Botnang ein und wurden als Befreier von der einheimischen Bevölkerung am Straßenrand stürmisch und freudig begrüßt."

Mich hat dieser Artikel geärgert, denn meine Frau, damals 17 Jahre jung, schilderte dieses Ereignis ganz anders und zwar wie folgt:

Die Flakstellung auf dem Birkenkopf wurde eiligst verlassen und einige junge Mädels suchten die Räume dort auf und staubten ab, was eben so in ihre Finger kam. Dann aber ging es schleunigst zurück, denn es hieß: „Die Franzosen kommen!"
Die Franzosen waren allerdings Marokkaner der „Charles de Gaulle -Truppen", in langen, weißen Gewändern mit einem weißen Turban auf dem Kopf. Sie marschierten am Sportplatz der SKGB vorbei, die Vaihinger Straße runter bis zur Ortsmitte. Schon da suchten sie ihre Opfer aus, denn die Frauen wurden ja für 24 Stunden zum Freiwild erklärt.
Die Legionäre, beileibe nicht alle, nützten diese Zeit, um ihre Lust aus Rache „zum Treiben der Deutschen in Frankreich" zu befriedigen. Andrerseits verteilten sie oft kleine Schokotäfelchen und Kaugummi an die Kinder.
Unsere liebe Oma war sehr leichtgläubig und schickte ihre 17-jährige Tochter aus eigener Voraussicht zum Einkaufen ins Dorf. Da geschah es. Ein „totaler Schwarzer" verfolgte sie. Glücklicherweise kam die Rettung durch eine ältere Nachbarin, die sie durch ihre Wohnung im Parterre und durch ein Fenster ins Freie schleuste.

Allerdings musste sie für ihre Hilfe selbst bluten. Sie wurde zum Ersatz erkoren.

Apropos: Sogar vor Kindern machten diese Elitesoldaten keinen Halt. In der Nachbarschaft wurde z.B. ein kleines Mädchen im Alter von 3 Jahren vergewaltigt.

Der Großvater trug die Kleine zu Fuß in die Frauenklinik im Stuttgarter Westen.

Umsonst ... dort verblutete das Kind und starb. Die meisten Frauen flüchteten alsdann ins Botnanger Kloster, dort waren sie vor den Unholden sicher. So nebenbei, sogar vor einem anderen Großvater, der da und dort nur helfen wollte, schreckten sie nicht zurück. Er wurde kurzum die Treppen hinuntergeworfen.

Weiter wurde mir berichtet, dass Botnang ohne Wasser und man auf den täglichen Wasserwagen angewiesen war. Jeweils mit dem Hinweis: „Bitte mit dem Wasser sparsam umgehen!" Dies führte dazu, dass u.a. die Toiletten meist voll waren.

Es versteht sich, der entsprechende Geruch in den Wohnungen. Auch beim Kochen und Waschen (Körper und Wäsche) hatte man so seine Schwierigkeiten. Nun, recht und gut, die Hausfrauen füllten ihre Eimer und die Marokkaner machten sich dann ein Vergnügen daraus, die vollen Gefäße einfach wieder auszuleeren.

Die Frauen waren wohl entsetzt, doch vor lauter Angst nahmen sie diese Gemeinheit ohne Widerstand hin.

Ausschnitt der Familiensaga Stollsteimer!

Diese besonders tragische Einlage folgt zum Nachdenken!

Wilhelm Stollsteimer (* 7.09.1899), mein Schwiegervater in spe, war während des ganzes Krieges an verschiedenen Fronten im Einsatz und wurde zum Schluss, wegen einer schweren Magen/Darm-Erkrankung, als Unteroffizier zu einer Flakstellung an die Heimatfront abkommandiert. Ein ruhiges Kommando. Doch dort meckerten laufend die jungen Soldaten über das sehr schlechte Essen. Wilhelm Stollsteimer musste wohl oder übel als Vorgesetzter (genannt Vadder) dies der höheren Dienststelle melden und um Abhilfe bitten. Daraufhin wurde ein Hauptmann zur Überprüfung beauftragt. Auf seine generelle Frage: „Ist das Essen gut?", schrien alle „Jawohl!"

Nur der Vadder blieb bei seiner Aussage. Er wurde dafür zum Gefreiten degradiert und auch bald darauf entlassen (sicher, während dieser Endzeit - wegen seiner schweren Krankheit - nicht umsonst).

Daheim fuhr er für kurze Zeit mit einem schweren LKW seines einstigen Arbeitgebers besonders lange Strecken und das nur bei Nacht mit abgeblendeten Scheinwerfern. Bei Tag lag wohl das Schlafen drin.

Bei einem Fliegeralarm: Mutter Emma mit den 3 Kindern eilte in den Luftschutzbunker, bei dessen Bau sie ja selbst tatkräftig mitgeholfen hat. Dort stand der Botnanger Ortsgruppenleiter - ein Schulkamerad von Wilhelm -und verwehrte allen Vieren den Eingang mit der Begründung: „Der Wilhelm, der faule Hund, soll erst mal etwas arbeiten!"

Voraus ging natürlich, dass besagter Wilhelm bei diesem Goldfasan, der noch keine Minute an der Front war, schwer über die Nazis und über den Führer geschimpft hat. Der genannte Faulpelz ließ sich die Anschuldigung nicht gefallen, packte den lieben Freund am Kragen und warf ihn in die nächstgelegene Pfütze vor dem Eingang zum Bunker. Die Familie verschaffte sich daraufhin den Einlass.

Der Gebeutelte schwor Rache mit: „Willem, das musst du mir büßen!" Wenige Tage danach kam die Einberufung zum Volkssturm.

Weiterer Kurzbericht im verdeckten Feldpostbrief:

Am 25. April bei Neustadt Gefangennahme. Abtransport nach Freiburg i. Brg. Ab dem 1. Mai Transport zu Fuß nach Kehl am Rhein, begleitet mit Kolbenstößen, Hunger und Durst. Dann ging es weiter. Ankunft im Lager in Frankreich am 6. Mai 1945

Beginn der Hunger- und Leidenstage. Verlust aller Habe, zum Teil schon unterwegs. Einziger Besitz: Ein zerrissenes Hemd, eine zerrissene Unterhose und ein Paar zerrissene Socken. Das Essen sehr schlecht und wenig (z.B. verschimmeltes Brot ohne Fett oder sonstiges). Mittag- oder Abendessen: Wasser und Rüben (bei uns zu Hause gibt man dies dem Vieh).

Noch etliche Wochen so weiter, dann sind alle erledigt. Die meisten sind nur noch Haut und Knochen. Zum Beispiel ich habe Arme wie ein Kind von 10 Jahren

Ergänzung eines Mitgefangenen. Beim Gefangenentransport durch Frankreich, meist durch enge Gassen, wurden Urin, heißes Wasser u.v.a. auf uns Gefangenen geleert, sowie mit Steinen beworfen und laufend angespuckt.

Im Lager in Südfrankreich wurde Wilhelm Stollsteimer schwer erkrankt an Ruhr bei sengender Hitze vor die Baracke gelegt, damit er schneller stirbt.

Er starb am 12. August 1945 an besagter Krankheit Ruhr. Man muss hier betonen: Er ist vor allem verhungert!

Seine letzten Worte:

Es grüßt und küsst Euch alle Euer Vater, mit Grüßen an alle anderen, besonders an Großvater und nach Rommelshausen mit der Hoffnung auf ein Wiedersehen, wo es auch sein soll.

Feldpostbrief v. 3.04.45, übergeben durch einen Kameraden, an seine liebe Emma.

Notiert von Rudi Waizenegger

Extrablatt

über das tragische Schicksal meines Lehrgesellen David Haspel, der so gar nicht in das Nazi-Schema „Jude" passte! Er war blond, schlank und ein nordischer Typ.

Ende Februar 1943 zeigte uns David Haspel seinen Einberufungsbefehl zum Einrücken am 1. März in die Burgholzhofkaserne.

Er bat den Chef, dass unser Lagerleiter Rudolf Beitter, mit Hilfe des Lehrlings, ihn mit dem Firmenwagen in die Halbhöhenlage Killesberg chauffiert.

Pünktlich in der Kaserne angekommen, empfingen uns am Tor zwei SS-Posten mit umgehängten Gewehren und fragten unseren Kollegen, was es mit den beiden Koffern, von uns getragen, denn soll? David Haspel antwortete pflichtgetreu, dass diese seine Kleidung und Wäsche beinhalte. „Nichts da, zurück ins Auto!", war die Aufforderung. Nachdem er den Inhalt seines kleinen Koffers, mit seinen persönlichen Utensilien, behalten durfte, bekam er einen sehr kräftigen Tritt ins Hinterteil, flog in die Richtung des Eingangs und verschwand grußlos - auf Nimmerwiedersehen!

So etwa ein halbes Jahr später, klopfte ein SS-Mann an unserer Eingangstür und sagte uns sehr leise, dass er eine wichtige Mitteilung an Herrn Mayer persönlich überbringen soll. Er übergab einen kleinen Notizzettel, der zusammengefaltet hinten auf seiner Erkennungsmarke geklebt war, unserem Chef und verabschiedete sich sehr schnell. Unser Boss las kurz, ganz erschrocken, den winzigen Bericht, schloss sofort alle Fenster und Türen und verlas die Mitteilung uns aus Ausschwitz vor:

Lieber Herr Mayer, liebe Kollegen, schon längere Zeit bekam ich kaum mehr etwas zu Essen, bin klepperdürr, werde geschlagen, gedemütigt und komme, laut Ankündigung, in die Gaskammer, dann ist das Elend zu Ende.

Letzer Gruß Ihr und Euer David Haspel.

Gedicht zum Tanzstundenabschluss an meine Tanzpartnerin Marianne Fr.....

Anno 1947

Nun soll auch von mir ein kleines Gedicht steigen
Und ich will auch nicht übertreiben
Meine holde Tanzpartnerin soll es selbst bezeugen.

Sie ist zwar rund und mollig
und auch noch sehr drollig.
Die Beine sind jedoch ganz toll,
doch man´s nicht übertreiben soll.

Schon mancher Heiratsantrag hat sie geehrt,
sogar ein Ingenieur war ihrer wert,
doch keinen wollte sie haben,
das ist jedoch ihr eigener Schaden!

Auch Orgel spielen ist ihr Talent,
doch darin bringt sie´s nie zum Patent.
Deshalb nahm sie´s Theater spielen in ihr Fach
und lernte grad ihre Rollen mit Ach und Krach.

Die Tage verbrachte sie mit Üben und Proben
Der Regisseur hatte manchmal zu toben,
doch als Mariele schritt über die Dielen,
die Bretter waren bald am Biegen,
da war alles vergessen und verzogen,
denn das Publikum fing dann an zu toben!
Groß M ... le ist jedoch über alles erhaben
denn als Sekretärin beim Bosch konnte man ihr nichts anhaben.

Das Tanzen wollte sie auch nicht versäumen
Und ging mit mir zur Tanzschule in Beurenmeisters Räumen.
Wir lernten Foxtrott, Tango und auch Walzer,
auch beim Rheinländer fing sie an mit einem kleinen Schnalzer.
Doch trotzdem und gerade deswegen
ging alles falsch und wir wurden verlegen.

Jedoch mit großer Mühe und List,
kamen wir bald hinter jeden Mist!
Mariele ist jedoch trotz alledem,
gutmütig in allem, sei´s im Geh´n oder Steh´n.

Nun bald wird sie auf´s Tanzparkett sich wagen
Und sich mit Männern herumplagen.
Doch schnell geht alles klar und alles ok
und sie ist zufrieden,
vielleicht auch mit mir ... oje.

Rudi Waizenegger.

Erinnerungsbilder

Eltern meines Vaters (ganz rechts)

Bubi 1934

194

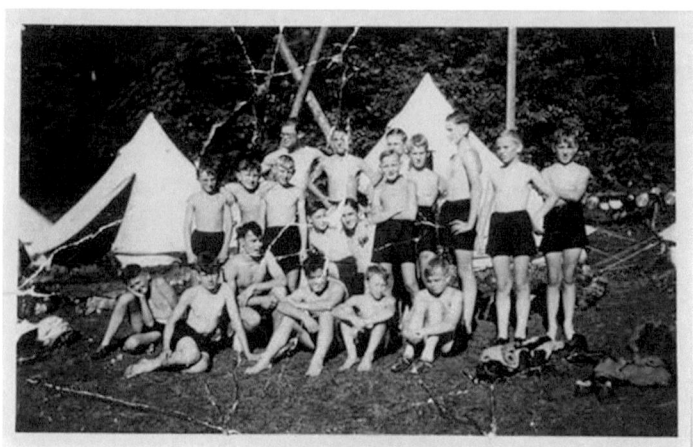

Zeltlager 1936

Hitlerjugend 1939 in Hildesheim

Signalschule Warren-Mürlitz 6/44

Im 2. Weltkrieg

1947: 1.Stuttgarter FV ´96

Heirat

Verleihung der Bundesverdienstkreuzes 1986

Im Büro 01.07.2015